海上丝绸之路青少年科普丛书

广东省宣传文化发展专项资金项目

海上丝路之

造船

开海

丛书顾问　刘迎胜　陈佳荣　朱鉴秋

丛书主编　王元林

本书编著　顿贺

SPM 南方出版传媒
广东科技出版社
·广州·
全国优秀出版社

《海上丝路之造船开海》创作团队

丛书顾问

刘迎胜

陈佳荣

朱鉴秋

丛书主编

王元林

本书编著

顿　贺

目录

3

海上丝路之造船开海

欧洲资本主义兴起和现代机动轮船出现以后，中国在造船业上享有的长久优势逐渐失去。

新中国成立后，中国的造船业重新得到空前的大发展，各类船舶琳琅满目。特别是改革开放以后，油船、钻井船、储油船、集装箱船、滚装船、矿砂船、液化天然气船、化学品船等大型船舶早已成为船舶出口的品牌，均达到了世界先进水平，出口到了120多个国家和地区，受到国际航运界的好评。

中国不仅古代造船技术领先世界，也已经是当代世界的造船大国和航海大国。

中国建造的30万吨超大型油轮

2011年中国建造出口的38.8万吨矿沙船

中国建造并出口的能载6700辆汽车的滚装船

2013年中国建造的可载13000个标准集装箱的集装箱船

造船
——"海上丝绸之路"的技术基础

中国漫长的海岸线，绵延在渤海、黄海、东海、南海的辽阔水域，并与世界第一大洋——太平洋紧紧相连，为我们祖先进行海上活动、发展海上交通提供了极为有利的条件。

福建船

早在远古就开始了的中国造船业，在秦汉时期达到了第一个高峰，为后世造船技术的进步，奠定了坚实的基础，并在唐宋时期迎来了造船史上第二个高峰，造船技术已经相当成熟。

中国造船业在明朝登上了顶峰，造船技术更是领先于世界，并久为世界各国所称道。

正是有了先进的造船技术和雄厚的基础，才会有明朝郑和七次下西洋的远航壮举。

中国人以自己的勤劳和智慧创造出了光辉灿烂的舟船文化，率先开辟了"海上丝绸之路"，增进了世界各国的了解，实现了科学技术和文化的交流发展，促进了社会的进步和文明。

造船技术

领先
世界

舵杆
舵草
尾仙梁
兔耳
〈八〉尾八字
箸（们）
筷子
厕所
腰草
腰舵
下金

在古代，人们见到树叶和有空洞的木头漂浮，便受到启发。当他们有了渡水的愿望和需求时，便开始制作渡水工具，最初还不是船，而是葫芦、皮囊和筏。

早期的渡水工具

1.葫芦

又称"包"或"匏"。《鹖（he）冠子》曰："壶，匏也，佩之而以济涉，南人谓之腰舟。"把葫芦系在腰上，可以渡水，南方人称其为"腰舟"。

浙江省余姚河姆渡出土的7000年前的葫芦种子

将葫芦拴起来系在腰上称为"腰舟"

2.皮囊

也称浑脱。最初，以黑色公山羊皮制成，后来也有用猪皮做的皮囊。

北宋曾公亮《武经总要》云："以浑脱羊皮吹气令满，系其空，束于腋下，人浮以渡。"

《么些（与摩梭是同音异写）象形文字字典》有："不去毛而臸（dun）剥羖皮，扎三足，一足嘘气其中，令饱胀，扎之，骑以渡水。"是说将羊皮剥成筒状，扎紧首尾和三个腿，向预留的一腿里吹气使它鼓胀再扎好，就可以当渡水工具了，这不就是人类最早的吹气式救生圈吗！明代诗人李开光诗云："不用轻舟与短棹（zhào），浑脱飞渡只须臾。"

将皮囊系在架子上，就是皮筏，小的用3～4个，大的用400多个皮囊。

皮筏模型

浮囊者以浑脱羊皮吹气令饱系其空束於腋下人

浮以渡

北宋曾公亮《武经总要》上绘的皮囊

3. 筏

也叫桴、栿、排、江苏、四川叫簰，统称为筏。古代筏有木筏、竹筏、苇筏、皮筏。还有用长矛枪杆捆起来做成的筏。西汉初，大将韩信伐魏王豹时，就是将长矛枪杆捆起来做成筏再拴上瓮，一举消灭了魏王豹。

最大的竹筏当数宋代。北宋诗人陆游在公元1170年去四川夔（kui）州（今湖北秭归）任通判，写有《入蜀记》，记述途中在长江上看到的竹筏。他说，筏长50余丈（约154米）宽10余丈（约31米），上有住房

古文献中的木筏

湖北旅游区的现代竹筏

现代还有筏在武夷山、天柱山、沙家浜等地，游客乘筏已经是观光祖国秀丽山川的一件美事。

宋代长江出现的巨型筏

多间、神祠、酒肆、羊肠小道，还喂猪，养鸡，碓臼（碾米设备）齐备。船家告诉他，这还不是最大的，还有上面铺土作菜地的巨型筏呐！当时如果有"吉尼斯世界纪录"评选，我国宋代航行于长江上的巨型筏破世界纪录是肯定无疑的。

清代陈枚等绘的《清明上河图》卷上的筏

独木舟的诞生

浙江省浦江上山人遗址和江西省万年大源仙人洞遗址表明，在距今1万年前，我国开始进入了新石器时代。我国已经出土了大量石锛、石斧、石凿、石箭簇。

由于火种的保存和新石器的使用，人们可以建造独木舟了。

2001年11月浙江省杭州市萧山跨湖桥出土一只独

以石器制造独木舟

出土的石锛和石凿

浙江省杭州市萧山跨湖桥出土的8000年前独木舟

浙江省杭州市萧山跨湖桥出土的8000年前的两把木桨之一

木舟和二把木桨，距今有8000年，堪称亚洲第一舟。日本出土最早的独木舟是绳文前期，距今是5500年。

浙江省余姚河姆渡出土了7000年前的雕花木桨。从雕花木桨和独木舟的实物进行研究分析，可以推断出：跨湖桥的独木舟和河姆渡雕花木桨都不是中国最早的舟和桨。中国出现独木舟年代应在距今8000~10000年。

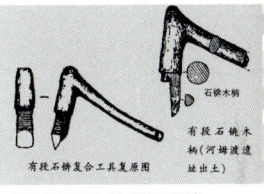

河姆渡出土的有段石锛

石锛上端有"段"，即磨去一块，称"有段石锛"，装上木柄可用于砍伐和刨土。

浙江省余姚河姆渡出土的7000年前雕花木桨

独木舟，特别是在使用金属工具以后，因其制作简单，使用寿命长，因而存在很久。我国已经出土的从新石器时代到近代的独木舟有几十条。

山东省荣城出土的距今3100~3600年前的独木舟（模型）

海上丝路之造船开海

早期的木构技术

早期的木构技术为木板船的诞生奠定了基础。树木的直径是有限的，而人类总希望能够多装载货物及人员，因而又产生了造大船的需求，自然而然地出现了木板船。

木板船的诞生，有一个发展过程。

中国先进的木构技术令世界叫绝。山西省太原的晋祠、天津市蓟县（今天津市蓟州区）的观音阁，是宋辽时代的建筑，采用斗拱榫卯结构，没用一颗铁钉。1976年唐山大地震，导致不少房屋倒塌，而建于辽代的观音阁至今依然完好无损，国内外众多专家多次考察，叹为观止。

1977年在浙江省余姚河姆渡村出土了7000年前的雕花木桨，同时还出土了带榫的木构件、带销钉的燕尾榫。7000年前就有了榫卯连接，并且已经有了板桩！它表明中国很早就能加工出木板、木榫头。

浙江省余姚河姆渡出土的加工过的木构件之一

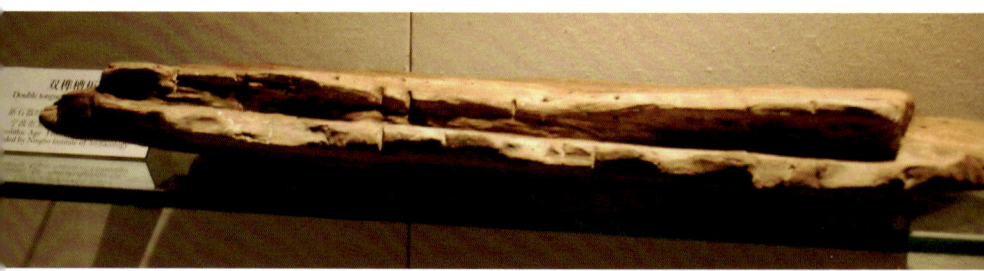

浙江省余姚河姆渡出土的加工过的木构件之二

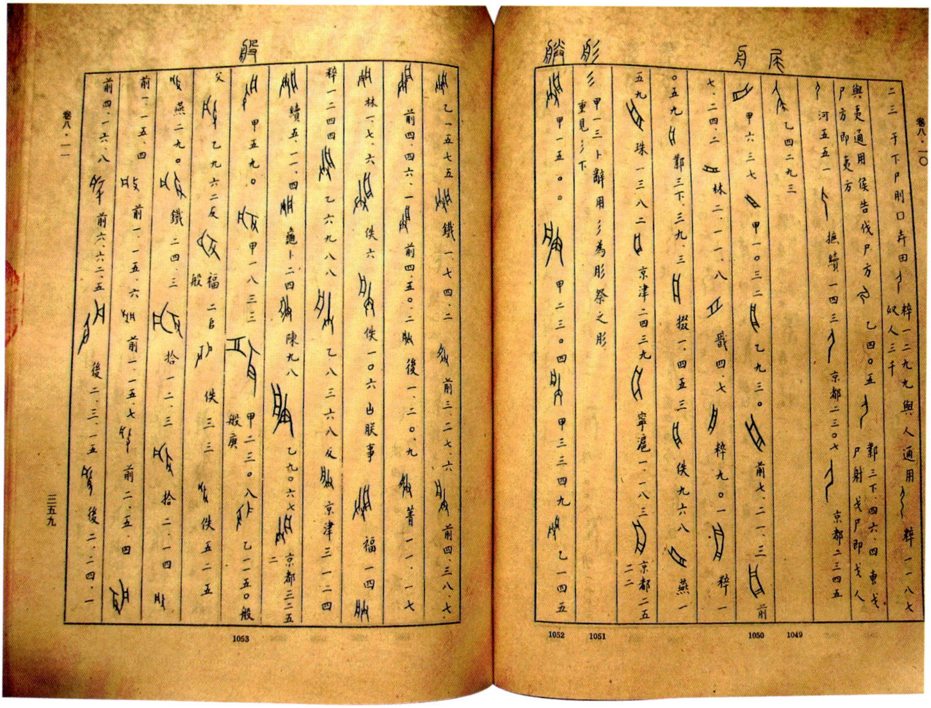

商代甲骨文中"舟"字和"舟"字旁的字

木板船的问世

制作木板船，一是要将圆木加工成板，二是要将木板与木板连接在一起。

应该注意到，没有金属工具也可将圆木劈开成板材，方法是先钻一排孔，然后逐渐打进木楔，就可劈出木板来，这是过去许多石匠劈石成方料最常用的方法。

《史记》说大禹治水时："陆行乘车，水行乘船，泥行乘橇（qiāo），山行乘樏（ju）。"大胆推测，可能大禹时已经出现木板船。大禹之后是夏、商。河南安阳商代殷墟遗址出土了大量甲骨文，上有舟字和带舟字旁的字多次出现。甲骨文为象形文，从甲骨文

河南商代出土的青铜鼎

早期鼎是煮肉的工具，后来成了祭祀用品。图中青铜鼎上书写的是蘯（dang）字。一个人站在船上，背着贝壳（货币），船尾有人驾船，船在摇晃，故其字为"蘯"。

"舟"字结构可以推断出当时使用了木板船是确定无疑的。因此木板船最晚也出现于商，很可能出现于夏。

冶金技术及金属工具的使用，为建造木板船创造了有利条件。

从独木舟演变成木板船，关键就是在独木舟的基础上加板材，使之变长、变宽、变深。

1983年上海川沙（今上海浦东）北蔡乡川扬河故道出土的隋代木船，船底大木还保留着独木舟的特征。后来，人们对船底大木不再挖槽，大木从而演变成尖底船的龙骨（即底骨）。川沙古船提供了从独木舟向尖底船过渡的信息。

1975年江苏省武进县万绥镇（今江苏常州武进区孟河镇）旧浦河底出土的是汉代木船。在云南省永宁纳西族则有近代在独木舟体上加木板的船。江苏武进古船和云南永宁纳西古船，提供了独木舟向平底木板船过渡的信息。

把舱加深，就是自底部往上加木板。上海川沙古船

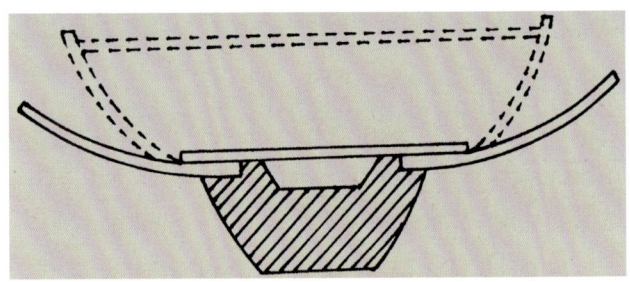

上海川沙川扬河出土的隋代古船横截面结构图

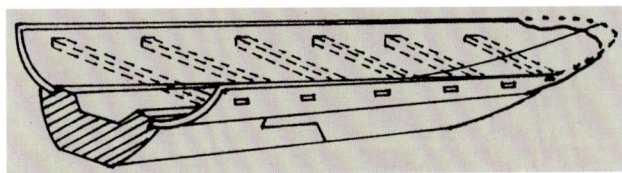

上海川沙川扬河出土的隋代古船舌形搭接加长结构图

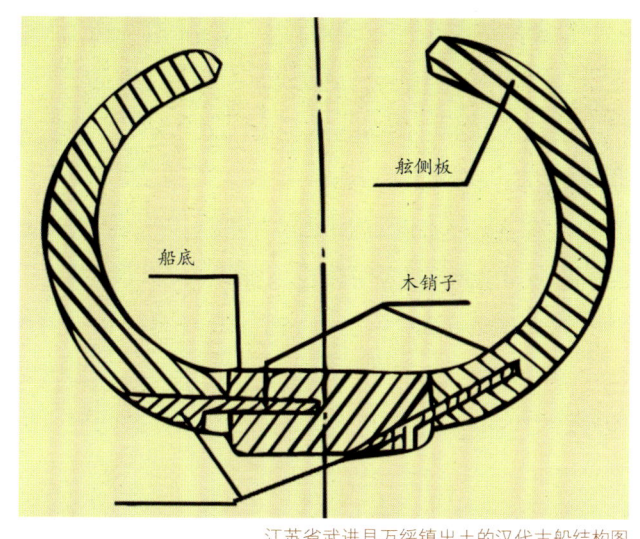

江苏省武进县万绥镇出土的汉代古船结构图

图中标注：舷侧板、船底、木销子

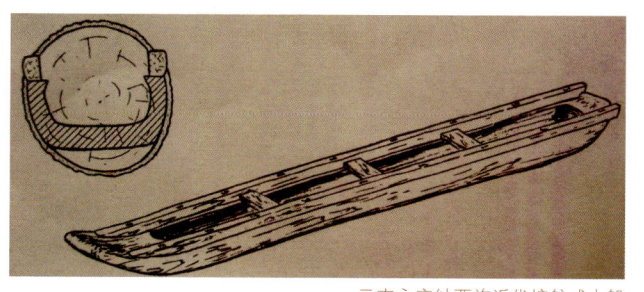

云南永宁纳西族近代接舷式木船

山东平度出土的隋代双体独木舟体，以长舌形榫搭接加长

是一种，云南省永宁纳西族近代接舷式木船是另一种。

　　1976年山东省平度里泽河出土了一艘隋代双体独木舟，其舟体是用较长的舌形榫搭接三段独木舟体，每个搭接处用10多个木榫固定。这种三段纵向搭接，也见于上海川沙隋代古船和1992年韩国全罗南道珍岛郡出土的中国南宋至元代的一条古船，它们都是将三段木先挖成独木舟形再纵向搭接而成。

　　这应该是独木舟向木板船演进加长的最初结构形式，并保留了很长时间，如泉州湾宋代海船、南海1号宋代海船等，其外板的端接缝（横向的接缝）都是子母

皮船模型（上海中国航海博物馆珍存）

口对接，只是搭的"舌"无需那么长了，也反映了技术的进步。船侧外板向上加时，外板之间的边接缝（纵向的接缝）有多种形式。

此外还有皮船，皮船是内支骨架，外蒙马皮、牛皮，则做成了皮船，汉书有"缝革为船"的记载。

古籍上的皮船图

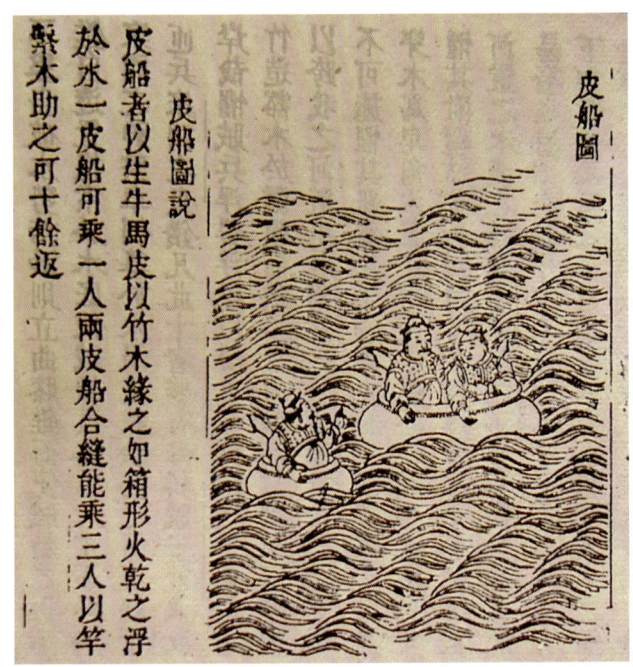

绝妙的勾子同口技术

船的外板沿船长方向的板缝称"边接缝"，即纵向的接缝；沿船宽方向的板缝称"端接缝"，即横向的接缝。

木板长度达不到船的长度时，就需要接起来，接头的位置就出现了横向的板缝——端接缝。

最初，中国的造船师使用了舌形榫搭接，后来，人们把这种搭接的形式称为"子母同口"。由于这种结构有利于确保水密性和强度，加工接口也较容易，故应用时间也最久。

后来出现了平面同口、直角同口、叉子同口、蛇头同口、斜面同口、勾子同口、滑肩同口、咬合同口等多种结构形式。

平面同口

直角同口

山东省聊城元代古船外板端接缝为子母同口对接，即舌形搭接

海上丝路之造船开海

韩国新安郡出土的中国元代古船出现平面同口对接

叉子同口

蛇头同口

斜面同口

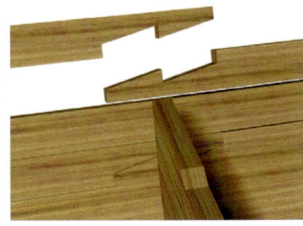

勾子同口

滑肩同口

咬合同口

梁山明代古船外板上的勾子同口

蓬莱2号明代古船外板上的勾子同口

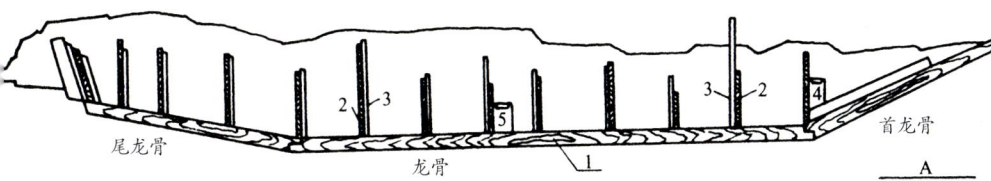

福建省泉州宋代海船龙骨与首龙骨（纵向有加强）、尾龙骨采用子母口搭接

　　　1976—1984年在韩国新安郡打捞出水的中国元代商船出现了勾子同口，勾子同口比子母同口更有利于抗拉强度，这又是船舶木作技术的一大进步。

韩国新安郡出土的中国元代商船的龙骨接头处勾子同口结构

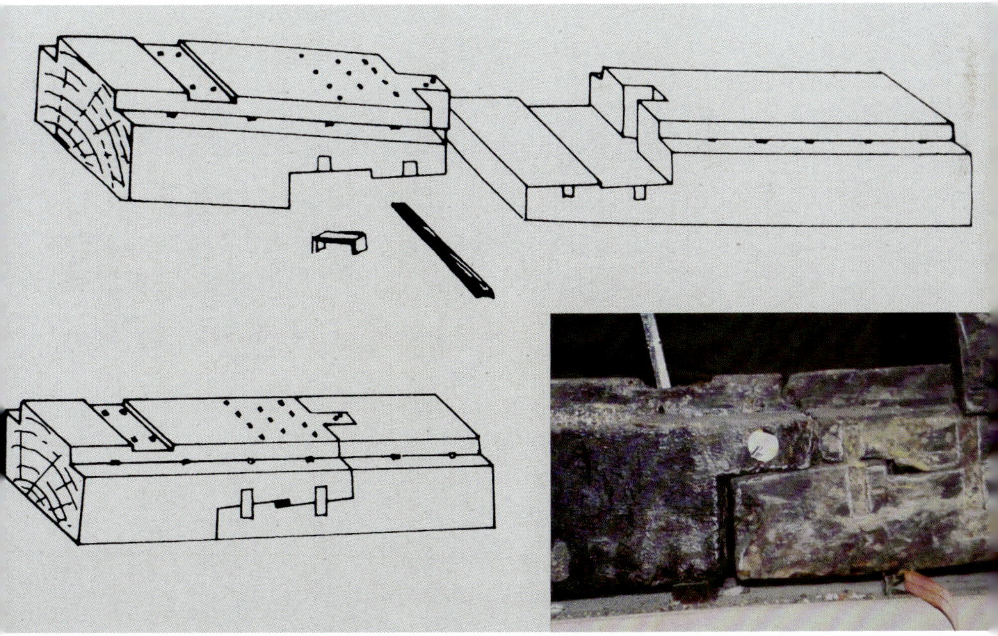

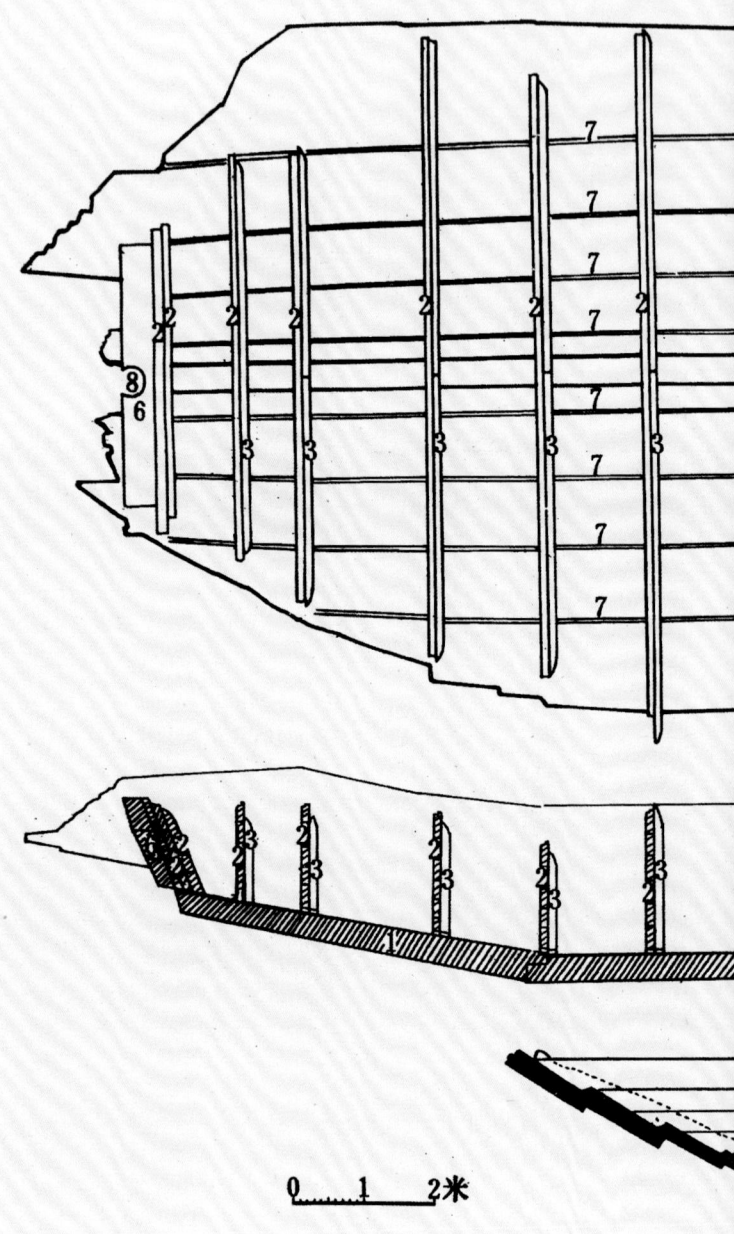

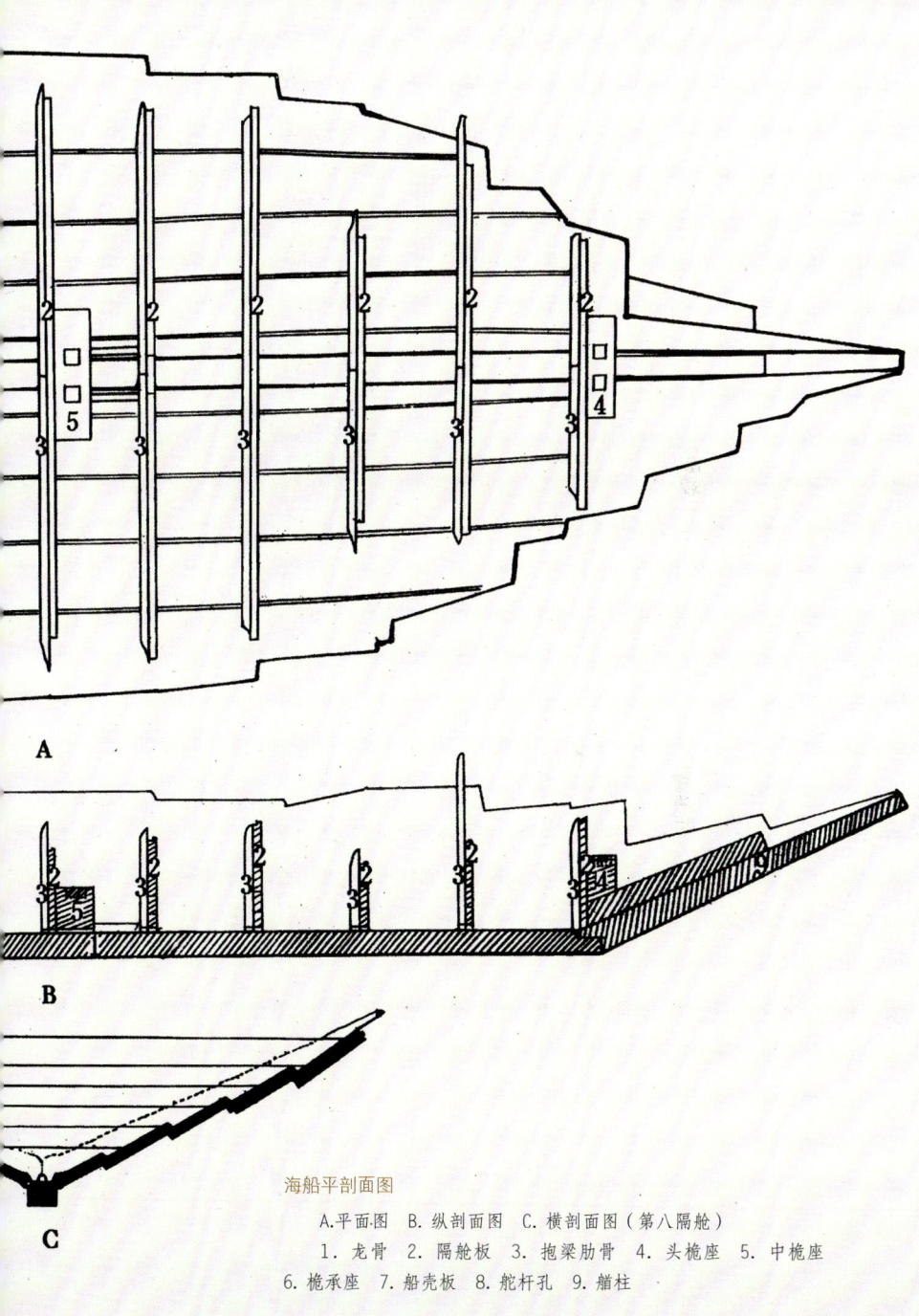

海船平剖面图

A.平面图 B.纵剖面图 C.横剖面图（第八隔舱）

1.龙骨 2.隔舱板 3.抱梁肋骨 4.头桅座 5.中桅座
6.桅承座 7.船壳板 8.舵杆孔 9.艉柱

1984年山东省蓬莱水城出土的1号古船为元代或元末明初的古船。

蓬莱1号元代古船主龙骨与首柱、龙骨翼板为勾子同口加定位榫连接

2005年山东省蓬莱水城出土的2号古船为明代古船。蓬莱1号和蓬莱2号这两艘古船都是在浙江沿海建造，它们的主龙骨与首柱的连接不但用勾子同口，在首部又加了凹凸定位榫（蓬莱1号古船与蓬莱2号古船的定位榫的位置有别），在接头部位也加了大补强材，补强材纵跨3道舱壁，达2个舱长。在接头部位，除用大蘑菇钉外，还外加几道铁箍，其工艺之先进让人佩服。这样的结构更是确保了主龙骨与首尾龙骨连接处的强度，抗扭转，还方便定位安装。

蓬莱1号元代古船主龙骨与首柱连接用勾子同口加定位榫装配图（模型）

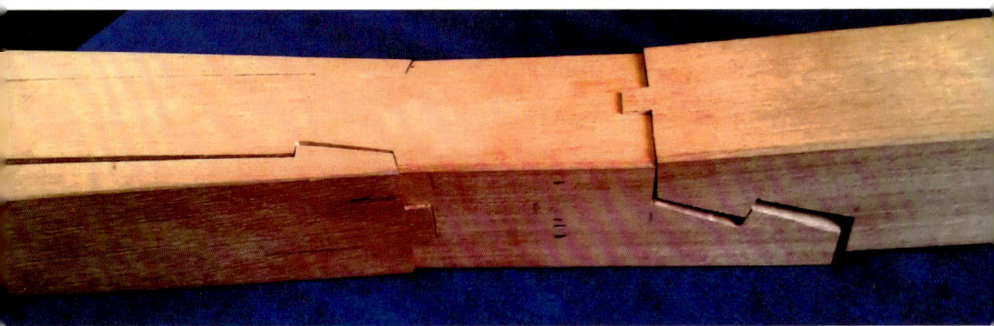

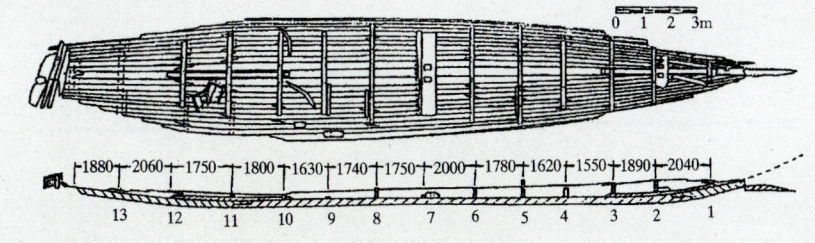

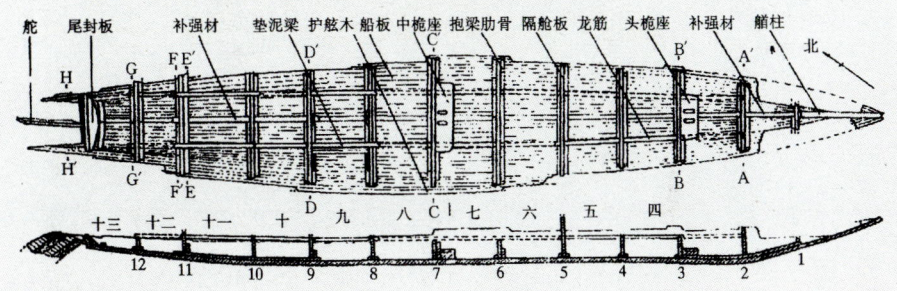

蓬莱1号元代古船龙骨连接部位设横跨两个舱长的补强材

　　从目前出土的古船看，龙骨出现用勾子同口，是在元明时期。中国在元代和明代，造船技术达到当时世界领先水平，出现严谨、合理、科学的建造工艺与结构顺理成章。

　　从以独木舟体的舌形榫搭接到勾子同口加定位榫、补强材，可以看出龙骨结构的进步。

船中部结构术语之一

1.舱壁板　2.舱壁肋骨　3.船底板　4.主龙骨　5.定位小木桩

船中部结构术语之二

1.舱壁板　2.舱壁肋骨　3.船底板　4.主龙骨　5.补强材　6.定位小木桩

蓬莱2号明代古船舱壁、主龙骨、首柱、补强材

蓬莱2号明代古船主龙骨运进仓库保护

斜面同口、直角同口、滑肩同口，使制造工艺变得简单，但对捻缝技术要求更高。勾子同口、蛇头同口、带定位榫的勾子同口，不单对捻缝技术要求高，对木作的工艺加工水平要求要高得多。这种结构，有效地增加了木材在接头处的抗拉强度，其结构严谨、合理、科学。

古船的外板之间，用铲钉，有的还加有枣核钉。外板钉钉子的工艺是否到位、钉子的间距、捻缝工艺是否合乎要求，直接影响到船舶是否会渗漏水，不可马虎从事。

古代一般船舶，要求至少"一尺三钉"，即1尺范围内要钉3颗铁钉。而战船比一般船要求高，钉子更密。

蓬莱2号明代古船龙骨与龙骨翼板处的钉子

先开出钉槽

敲平板，好对位

用送钉器将铲钉再打进一些，以便用舱料封盖防锈

船舶变大变复杂

　　船舶的建造，是先从独木舟到小划子，再到大型船舶。

　　直到几十年前，在福建省霞浦地区，还有一种用5块樟木板做的小船，称"合板船"或"五板船"。五板船也反映了船从小到大的一个变化过程。

小划子

小划子

　　航行于长江中游的著名的麻阳子（也写作"麻秧子"，也叫"大柏鼓"）船历史较久，其特色是，船主甲板以上部分为榫结构，根据需要，随时可以拆装。

福建省霞浦五板船
（曾俊凯制作）

制作中的麻阳子船模型（龙从发制作）

公元前1046年，周武王联络各路诸侯讨伐纣王，相当于十多万大军仅用47艘船运输，说明此时船真是有些大了。

在春秋、战国时期，诸侯征战，狼烟四起，都想当霸主。彼此之间，从陆地打到水上，从水上打到陆地，其结果是促进了船舶的发展。楚、吴、越、齐、秦国都有自己的水师（海军部队）。其中有大型的战船，如吴国的旗舰兼王舟是舲艎（yu huang）大舰。晋葛洪写的《抱朴子》是这样描述的："舲艎鹢（yi）首，涉

周武王伐纣孟津会师

川之良器也。"是说舲艎舰是渡江过河非常优秀的船。

古人云"千里浔阳岸，三翼木兰舟"，三翼指战国时的战舰大翼、中翼、小翼，"木兰舟"是三国时出现的大船。

三国赤壁大战火烧曹营

吴国的大翼相当于主力舰，据《越绝书·逸文》，大翼"广一丈五尺二寸，长十丈，容战士二十六人，棹五十人……凡九十一人"，其钩、矛、斧各4把，弩32张，箭3300只。划桨的人多，速度也快。

　　中国古代木构技术非常发达，特别是榫卯结构技术，是世界任何一个国家所无法攀比的。先进的木构技术、陆地上的亭台楼阁，也很早就应用到造船上来了。

三国赤壁大战的斗舰是城堡式（模型）

隋代五牙战舰也为城堡式（模型，龙从发制作）

到了晋代，也有大船。《晋书·王濬（jun）传》记载："武帝谋伐吴，诏濬修舟舰。濬乃作大船连舫，方百二十步，受二千余人。以木为城，起楼橹（lu），开四出门，其上皆得驰马来往。又画鹢兽于船首，以惧江神。舟楫之盛，自古未有。""方百二十步"指周长120步，可以载2000人，还设4个门，上边还可以跑马，这船真是不小的。当然这可能有些夸张。

东晋八槽舰（复原模型）

漕舫图

最初，把船并起来称"舫"，后来，把较豪华、讲究的单体船也称为"舫"，如隋代的青龙舫、朱雀舫、白虎舫、玄武舫，清代的笔舫、书舫、万寿山的画舫等。供漕运用的大型船只则叫漕舫。

漕运就是利用水道（河道和海道）调运粮食（主要是公粮）的一种专业运输，送粮食的目的是供宫廷消费、百官俸禄、军饷支付和民食调剂，这种粮食称漕粮。

秦汉时期铁钉普遍使用

早期的木板船还没有使用铁钉连接，船体用榫和竹钉、木钉连接。

其实，早在战国时期，中国已经使用了铜钉，在造船方面，出现了用铁箍连接。河北省平山中山国王墓可追溯到公元前310年，墓内有葬船坑，曾有几条华丽的游艇，船板已经腐朽，但是可见多块木头（原船板）用铁箍连接，用木塞打紧。

到了秦汉时期，中国的木船已经普遍用铁钉连接了。湖南省长沙出土的西汉16桨船模就有模仿的铁钉眼，唐代及其以后大量出土的古船也予以证实。

铁钉的使用，使船舶的建造更加快捷和牢固可靠，使用寿命更长。

"南海1号"宋代沉船上的铁钉

湖南省长沙出土的西汉16桨船模有模仿的铁钉眼

在东南亚和阿拉伯地区，直到中国明代之前，船外板还是以棕绳、椰绳穿栓板子。

日本到了1431年才出现使用片状的铁钉连接。

朝鲜半岛在中国元代之前，则还是以木钉（又称为"皮橥"）钉船板。

海上经路之造船开海

北宋张择端《清明上河图》上的船绘出了外板上的铁钉

"南海1号"宋代沉船上的铁锅

过去中国的铁器是重要出口物资之一，特别是广铁，以其优质闻名于世。南宋的古船"南海1号"就载有大量铁锅和铁锭，它应该是途经广东装上船去外销的。

造木船最忌"板薄钉稀"，因为关系到船舶是否会渗漏水和结实的程度，即是否安全可靠。忌以旧板刨后充当新板，以差充好。

造船用的铁钉有扁头钉、钩钉、方钉，此三种钉有

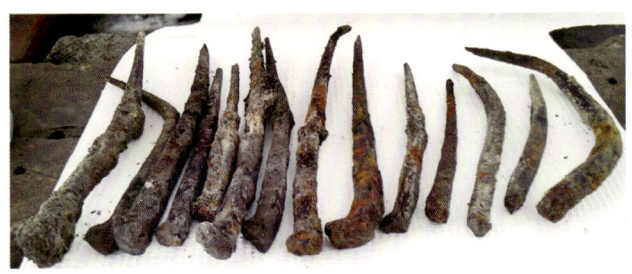

江苏省太仓元代古船上使用的方钉和钩钉

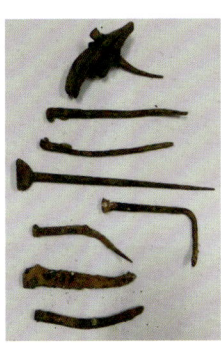

山东省聊城元代古船的扁
头钉、方钉和钩钉

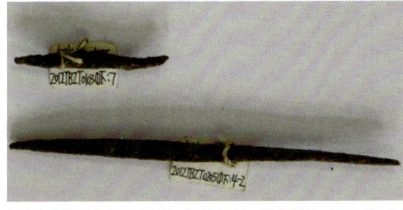

天津市张湾北运河出土的元末明初2号古船的方钉、钩钉、枣核钉、蘑菇钉

的地区称为"铲钉"，铲钉方形截面，更有利于吃紧木板。还有蘑菇钉、镉钉。造船时，先用手工钻在需钉钉的位置钻一个小于钉径的孔，再钉钉。

江苏省南京宝船场遗址出土的600多年前的船钉，有镉钉、方钉、扁头钉、钩钉

汉代楼船大发展

楼船就是"船上施楼也",著名的楼船始于战国。

秦始皇要长生不老,派徐福两次去找长生不老药,徐福第二次带三千童男童女,一去不返。唐代诗人李白云:"徐氏载秦女,楼船几时回。"李白认为用的是楼船。由此可推测,秦代已能建造比较华丽的宫殿式建筑的楼船。

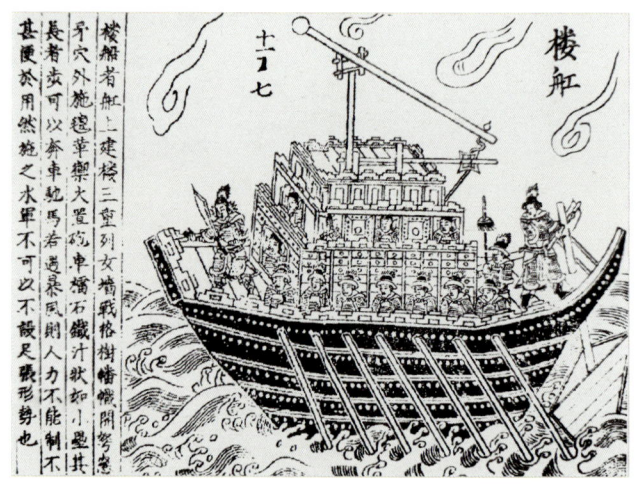

北宋《武经总要前集》中的楼船

到了汉代,楼船大发展,成为水师的主力船舰之一。楼船主甲板往上是三层,因为设女墙(城墙垛口),攻防兼备,是大型的战船。据明代王鸣鹤《登坛必究》记载,汉武帝时"有楼船,有戈船,有下濑,有横海。江、淮、青、济皆有楼船"。当时,负责造楼船的官员称为楼船官,水军的将领称为楼船将军,也就相当于舰队司令,水兵被称为楼船士、楼船卒。

古书形容"楼船高十余丈",又说"百尺楼船""旗帜加其上,甚壮"。

东汉的楼船(模型)

东汉极了不起的发明——橹

我国汉代发明了橹。汉代刘熙著的《释名》曰："在旁曰橹，橹，旅也，用旅力然后舟行也。"这是出现"橹"的最早的文字记载。

中国古代文献记载橹的是很多的。古代的绘画作品，表现用橹推进船的也有很多。

南唐赵干《江行初雪图》（局部）上的摇橹

"机翼理论"的建立应该是近现代的事了。运用机翼理论的实例，我们最熟悉的要属电风扇，此外船用螺旋桨、飞机用的螺旋桨、飞机机翼的可转动部分的水

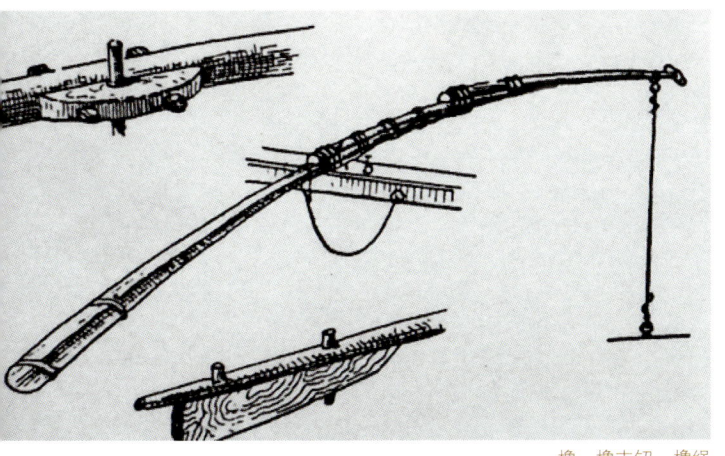

橹，橹支钮，橹绳

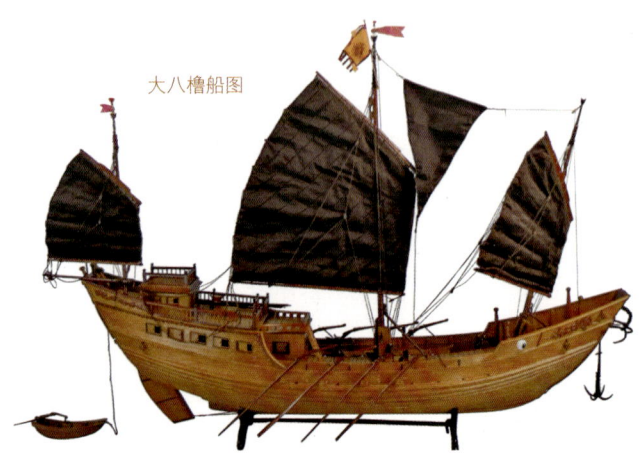
大八橹船图

平翼、尾部的方向舵、水翼艇、地面效应船等都是应用机翼理论的生动例证。

2000多年前，流体力学还没成为一个专门的学科体系，当然也还谈不上机翼理论的建立。然而中国的造船大师们却发明并使用了运用机翼理论原理的船舶操纵推进工具——橹。摇橹时，水对橹叶的作用力出现压力差从而产生推力，实在是极了不起的一大发明。被国外学者赞誉为2000多年前在中国就发明了"可逆式螺旋桨"。

由于橹的特殊结构和支点位置，摇起来省力，且不离开水面，能连续做功，故有"一橹抵三桨"之说。省人、省力，在水流和缓的水域航行的小船有的还省去了舵。

配一把橹的船，一般一人摇即可。而大船，如郑和七下西洋中船队的"大八橹"船，配八只大橹，这时摇橹，动作需整齐划一，就要喊摇橹的号子。

橹这项发明在唐代就东传到了日本。日本遣唐使僧圆仁在公元838年完成的著作《入唐求法巡礼行记》就有"升起帆，摇起橹"的生动描述。

中国发明的橹也传到了朝鲜半岛。

现在水乡古镇周庄的游览船仍用橹

艄公摇橹歌

在京杭大运河的河南省台前县，艄公摇橹的摇橹歌被保留下来：

哟哈哈嚎！

手把橹把半边飘，

又开双腿哈下腰，

伸开胳膊使对劲啊，

不慌不忙向前摇！

哟哟嚎！

东汉的重大发明——船尾舵

中国发明了船尾舵这是确定无疑的。汉刘熙《释名》是最早的文字记载："柁，拕也，在后见拕曳也，且弼正船使顺流不使他戾（lì）也。"意思是说船尾有了舵，就好像有人牵制着，使船能正确航行而不乱走。

出土的两个东汉陶船模是目前见到最早的出现舵的文物，后来也有大量文献和文物证实。

从鱼摆尾可改变方向启示发明了舵

发明舵可能是受鱼摆尾的启示，早期的舵是拖舵，如东汉陶船模，在唐代拖舵也还使用。拖舵是舵杆摆动，如鱼摆尾，故是一个支点。到了唐代，出现了舵杆垂直于水面的舵，此时是舵杆的垂直位置不动，靠转动舵杆来摆动舵叶，这就需要双支点，从而出现了上舵斤和下舵斤（也写作上舵金和下舵金），舵斤可拆。浙江已经出土了元代舵斤的实物。

出土的东汉陶船模（海南省博物馆珍藏），可看到船尾舵

船尾部的舵和舵斤（模型）

舵斤

船尾部的舵和舵斤

东汉广州陶船模型

　　1954年在广东省广州东汉（公元25—220）墓出土。全长54厘米，宽11.5厘米，通高16厘米。船首悬一碇，船尾有舵，是迄今发现年代最早的船尾舵实物证据，具有重大价值。

　　据《汉书·地理志》所载，大约与张骞由陆道通通西域同时，西汉已有远行船舶自日南（今越南中部）及广东省徐闻、广西合浦出发，经东南亚的都元、邑卢没、谌离、夫甘都卢，抵达南亚的黄支（应为今印度东南岸的康契普腊姆 Kanchipuram），回程经已程不（今斯里兰卡）。越地舟船驶往印度洋，可谓开通远洋航线的"海上丝绸之路"创举。

当船更大时，大概接近30米船长时，下舵斤用更为结实、保险的舵承座了。泉州宋代海船和蓬莱1号元代古船、南海1号宋代古船都出土了舵承座实物。

俗话说，大海航行靠舵手，开车把好方向盘。如果汽车、船舶失去方向控制，就会横冲直撞，后果不堪设想。中国最早发明并使用了控制船方向的关键设备——舵，这项重大发明传到国外，并且一直使用至今。

美国科技史学者坦普尔说："如果没有从中国引

泉州宋代海船船尾部的舵承座

浙江元代古船的舵斤

蓬莱1号元代古船尾部的舵承座

1957年南京中保村出土的明代11.07米长的舵杆

进船尾舵、指南针、多重桅杆等先进航海技术和导航的技术，欧洲绝不会有导致地理大发现的航行，哥伦布也不可能远航到美洲，欧洲人也就不可能建立那些殖民帝国。"

舵对船舶航行是特别重要的。宋代《太平御览》载赵壹的《嫉邪赋》曰："奚異涉海之失柂（舵），坐积薪而待燃。"意思是如果船在海上航行舵没了，就好像人坐在柴火堆上等着点火，小命算没啦。明代何汝宾的《兵录》曰："舵工为一船司命，关系匪轻。"意思是，舵工啊，一船的人命都交给你了，责任重大，可不是闹着玩的。明代黄省曾的《西洋朝贡典录》引民谚曰："上怕七洲，下怕昆仑，针（指南针）迷舵失，人船莫存。"七洲指中国海南岛东北部的七洲列岛，昆仑指越南南部的昆仑岛。意思是船最怕路过七洲和昆仑岛这地方，如果舵丢了，指南针又不起作用，会船毁人亡。一个也别想生存！可见舵是多么重要。

拖舵

我国发明舵是在汉代，早期是拖舵，后来出现了垂直于水线的舵，有平衡舵、非平衡舵和开孔舵。

平衡舵

非平衡舵

开孔舵

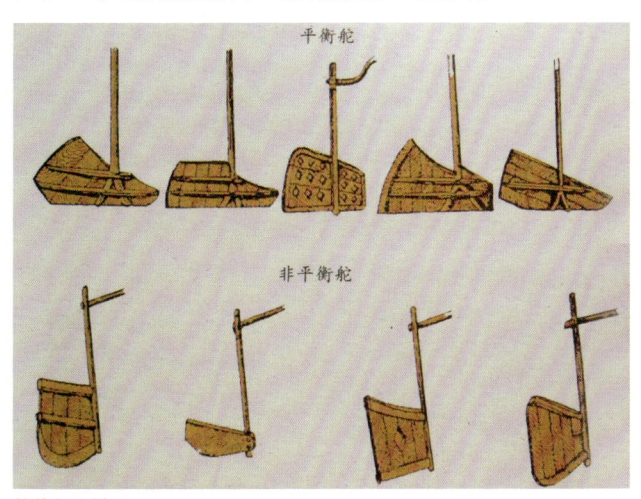

舵的部分样式

上为内河船的平衡舵，舵杆两边都有舵叶；下为海船的非平衡舵，舵杆只有一边有舵叶，另一边没有。

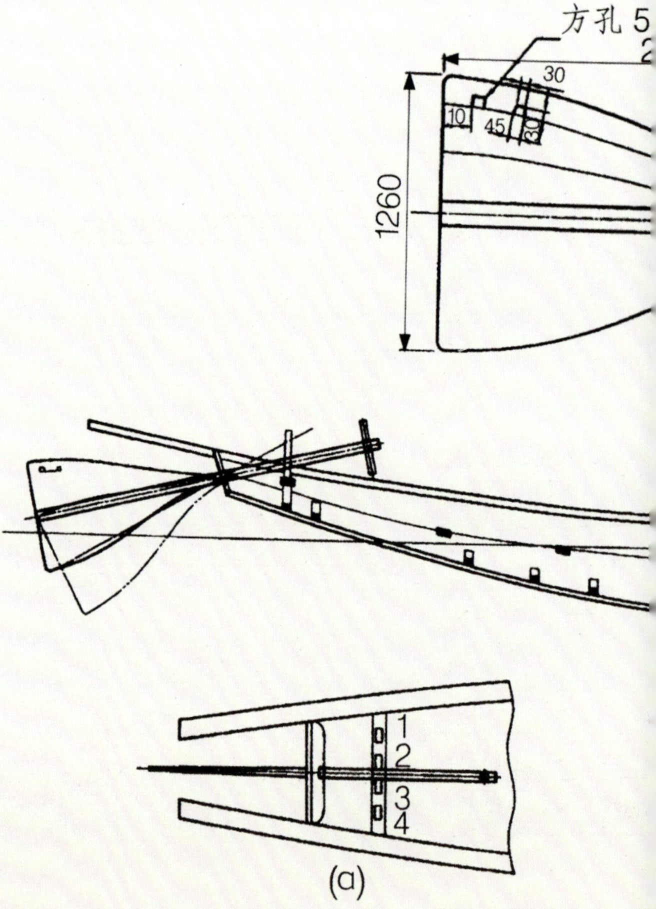
方孔 5
30
10
45
30
1260
1
2
3
4
(a)

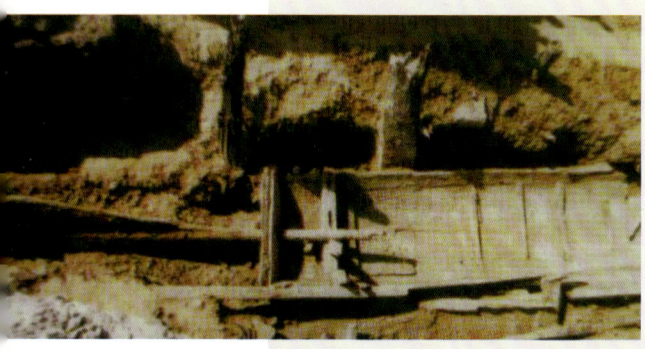

安徽淮北柳孜运河出土的
1号唐船的船尾拖舵

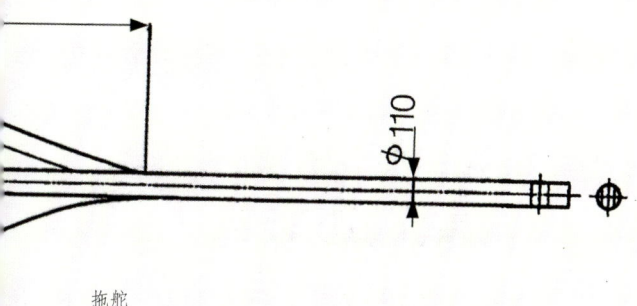

拖舵

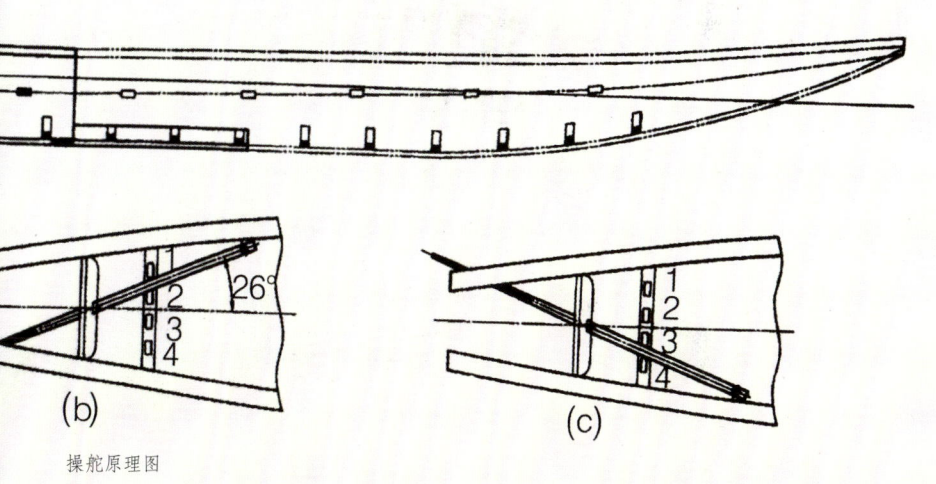

操舵原理图

安徽淮北柳孜运河出土的1号唐船的船尾拖舵复原图

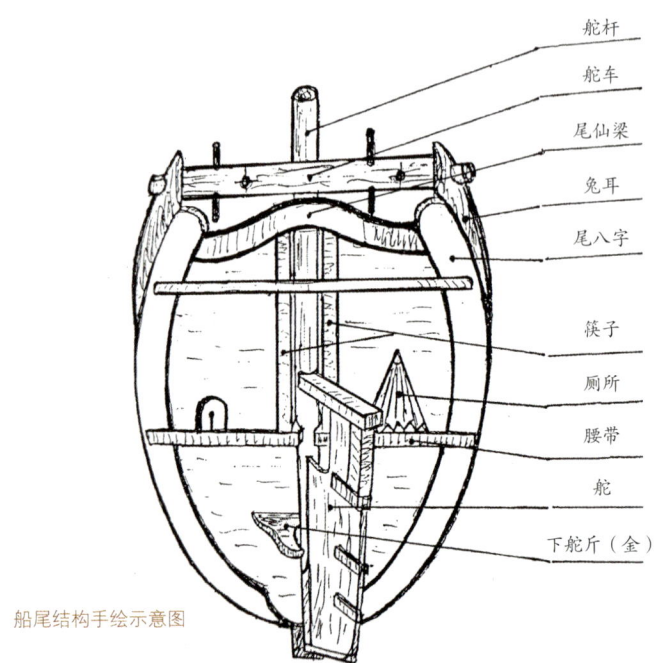

舵杆
舵车
尾仙梁
兔耳
尾八字
筷子
厕所
腰带
舵
下舵斤（金）

船尾结构手绘示意图

船尾升降舵的绞车、舵杆、
操舵柄（舵牙关门棒）

木船时代，内河船的舵基本是平衡舵，海船的舵是非平衡舵。

浙船、福船的舵像菜刀，舵杆向后倾斜。

主要航行于长江口以北水域的沙船的舵为方形，舵叶的高度和宽度的尺寸接近，舵杆与水面基本垂直。

大船的舵杆，从明代出土的文物看，先选好大木，树干是上细下粗，当作舵杆使用时，也是

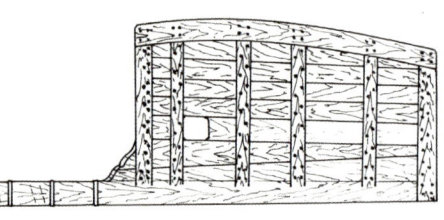

据1984年蓬莱出土的明代舵杆毛料复原的舵示意图

福建船上船尾舵的舵杆、舵杆上的铁包箍、舵叶

上细下粗。明代在舵下方有勒舵孔，用绳子拴住勒舵孔，另一端牵至船头，主要是怕航行中舵丢失。舵杆也包有多道铁箍，是为了保护舵杆。

2004年南京出土的明代海船的舵杆、舵叶、插入舵叶的长木榫（局部）

2004年南京出土的明代海船的舵杆、舵叶、舵夹留下的槽（局部）

在古代，由于操舵责任重大，要挑选经验丰富的人担当。

明代（1533），陈侃为正使、高澄为副使出使琉球，册封舟在福州造，到要出发时，从漳州请来谢墩齐等三人操驾船。船从琉球返回途中，遇暴风，桅折。船上人惊仆，都吓得不得了。谢墩齐"独餐饭自如"，问他，说"没事的"。到了福建船靠岸，谢墩齐反而痛哭流涕。对大家说："大家大难不死，天保佑了。"原来是全凭他稳稳把舵。他的身体被咸水所浸，北风又凛冽，所以痛不堪言。随即用中医药方给他治好，并表彰他的功绩。高澄感慨地说："呜呼！天下之事，唯在得人而已。苟得其人，则危可使安，险可使平；苟非其人，则安亦危也，平亦险也。余于操舟之术而悟任贤之理，故借为之记。"

船尾舵于7世纪传到日本，10世纪传入阿拉伯地区，1180年传入欧洲，1242年欧洲开始使用。

天津静海县元蒙口出土的宋代内河船平衡舵（模型）

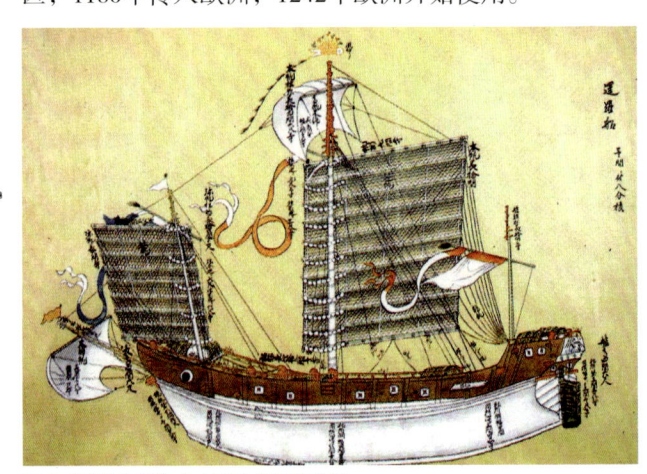

日本《唐船之图》中中国为泰国造的船

明清时期，东南亚有些国家的船是请中国人建造的，甚至操驾船都聘请中国人。从珍存于日本松浦史料博物馆的《唐船之图》可以看到，"暹罗船"即泰国船，是中国的船型。

日本《唐船之图》中中国为印度尼西亚造的船

"咬嚼吧船"即印度尼西亚船，也是中国的船型。

从东汉到唐代，日本经常派留学僧、留学生和遣唐使来中国学习文化、科学技术。早期是沿岸航行，后来日本与新罗关系紧张，只好直航，结果常常出事，便聘请中国人在日本造船，雇请中国人开船，有时则直接乘坐中国船。

舵仍是现代各国船舶上应用最广泛的操纵设备。此项重大发明，是中国对世界造船和航海技术的一个巨大贡献。

广东海船的开孔舵

大约在明清时期，广船使用了开孔舵，舵叶上开有菱形孔。西方1901年才出现开口舵，比中国晚。

行船不怕水深，就怕水浅，南中国海潮汐落差大，故广东船必须考虑浅水航行时船舶操纵的可靠性，广船的舵高与舵宽之比小，有的甚至接近一，就是为了照顾到浅水航行。这就需要增加舵的面积。但是到了深水区，大的舵面积使转舵时所需力矩增大，操舵费力。因此，初造船时，在舵上开孔，有"上三下五"的习惯。即舵叶上方的一排开3个孔，下面两排各开5个孔。船试航时，如果舵力不够，船回转困难，就要减少孔，

开孔舵的模型

将有的孔堵上；如果船回转没问题，但是转舵太吃力，则需增加开孔。所以开孔舵开孔的多少是船造完试航后才定下来的。

今天已经到了钢船时代，但是，我们仍然可以看到现代实船有的还在使用开孔舵，只是木舵变成了钢板舵，菱形孔变成了圆孔。

广东现在木船，船尾是开圆孔的钢质开孔舵

比利时MAS博物馆收藏的清代广船模型

晋代重大发明——水密隔舱技术

木板船涉及横向支撑强度问题，李昭祥的《龙江船厂志·器数》说得很清楚："中虚则不固，故托之以梁。梁必衡之，如屋梁也。"

广州出土的东汉陶船模可见到横梁无舱壁

早期的木板船还没有横舱壁，而是以横梁支撑，这从1951年广东省广州东郊出土的东汉陶船模和2015年陕西省西安出土的西汉木船可以得到证实。

到了晋代，中国发明并使用了水密隔舱技术。这项重大发明，为中国乃至世界的造船业做出了巨大贡献，并且使用至今。

外国学者认为，中国盛产毛竹，是受了竹子横隔节启示，外国因没有竹子，也就不会有这项发明。说的不无道理。

破开的竹子可见横隔节且彼此不透水

泉州湾后渚港出土的宋代沉船残体

　　唐代泉州造船业的发展和航海技术的进步已开始步入世界先进行
列，至宋元更臻于鼎盛。

图为1974年在泉州湾后渚港发掘的一艘南宋末年的沉船，残长24.2米，残宽9.15米，典型的水密隔舱。从船体结构和船上的出土物可以判断，这是一艘泉州制造、由东南亚回航的贸易船。

公元410年中国发明的水密隔舱技术，日本于1786年造的"三国丸号"开始使用，之前是以船梁作横向支撑，无舱壁。朝鲜半岛在中国的元明时期引进中国的舱壁技术，之前是用"加龙木""驾木"（即横梁）作横向支撑，无舱壁。科威特传统的造船是以肋骨、横梁作横向支撑，无舱壁。古代库兹王国（阿拉伯地区的古国）造船也是以横梁作横向支撑，船底设肋骨，缝合船板，无舱壁。西方船舶基本是以横向框架支撑并分隔舱室。直到19世纪60年代，欧洲造船业发达的英国、荷兰、美国所造的飞剪式船，也还没设舱壁。

江苏省太仓出土的元代古船设多道舱壁

英国著名学者李约瑟说："有一位佚名的作者在1824年的《机械学杂志》中写到'有一种几乎可以使船不沉的方法，古人早已知晓，而现在为中国人所采用，这种办法就是把货舱分成许多隔舱'。""不难看出，欧洲人从中国学到的另一种有价值的造船技术就是水密隔舱。""马可·波罗约在1295年就清楚地记载过中国的水密隔舱。""那么中国船的舱壁结构原理的传入很可能有两次，第一次是在17世纪末，用于沿海小渔船，第二次是在一个世纪以后，用于大船。"

这项发明，18世纪传入欧洲，19世纪初欧洲开始使用。

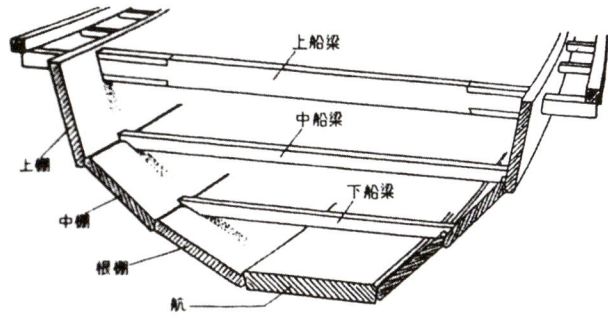

上船梁

中船梁

下船梁

上棚

中棚

根棚

肮

18世纪日本木船以船梁支撑，无舱壁

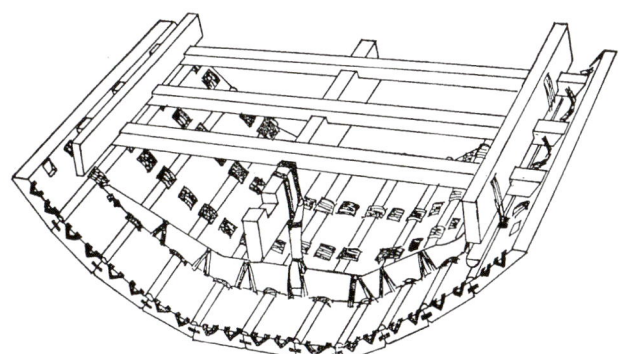

古代库兹王莽祭船结构

科威特传统的木船结构

朝鲜半岛出土的高丽古船以"加龙木"支撑，无舱壁从已出土的古船看，中国古代木帆船的水密舱壁有其特点：①除首尾端的舱壁和桅舱的前后壁外，一般位置的舱壁下方设有流水孔，也称"过水眼"。当舱内有少量积水时，水可以经流水孔流至舱内的最低处，便于排除积水。那时如果有积水，还没有抽水泵，只能靠盆、碗、瓢、勺往外舀，水多就靠木桶了。如果用木塞或麻棉布类堵上流水孔，舱壁又能保证水密。②中国古船舱壁多、间距小是又一特点，据文献和实船统计，船舶各水密舱的长度多在1.3～1.6米。"南澳1号"是明代海船，估计船长30米左右，竟有25个舱！

水密舱壁的优点：①船设置多道水密舱壁，有利于船的横向强度。②当因触礁、碰撞、水战等出现破舱进水时，进水量相对较小，排除也方便，极有利于船舶的抗沉性和稳性，减少沉船事故的发生，有利于财产、生命安全。③在舱内出现进水时，可将货物搬到邻舱，排除舱内水后再搬回原舱，有利于减少货损。④有利于船舶向大型化发展。⑤将船分隔成若干个独立的空间，能满足舱室使用的不同需求。⑥现代金属船舶还有利于防火、防毒。

到了清代后期，中国古船发生了一些变化，受西方船的启发，采用了舱壁与肋骨框架混合制，一直沿续至今。外国学习了中国的水密隔舱技术，中国又受到西方的启发，是很有意思的。

广州出土的清代古船采用舱壁和肋骨交混结构

非水密的舱壁——马口梁

水密隔舱技术从最开始模仿竹子横隔节不漏水到开流水孔，从舱壁板伸至甲板的"满梁"到后来发展出现了"半梁"，即非水密的舱壁——马口梁，也叫元宝梁。

修复后的菏泽元代古船的马口梁

在不影响船的安全性和强度下，中国古船中的舱壁还出现了半隔舱板，高度为隔舱板（满梁）的1/2～1/3。在中间开方口，呈下凹形，叫马口梁或元宝梁，便于装载货物或人员通过。

不是所有的木船都有半隔舱板。即使有设，也不能多，而且还要选择得当位置，这就需要造船大师们有丰富的实践经验。半隔舱板是不可能水密的，对局部强度也有一定的影响。

梁山明初古船上的马口梁

晋代的重大发明——使用轮型桨的车船

中国发明并使用轮型桨推进的船即车船（也称车轮舸或车轮舟），为公元417年的晋代，比西方在巴塞罗那建造的第一艘轮船早1100多年。

发明车船与中国很早就使用水车有关。

东汉都城洛阳城中水苦涩不可饮，需从城外由人担、车拉供水。宦官张让在城外安装了水车，水车车水以管道直通城内，这可以说是最早的自来水。故中国发明车船与汉代用了水车（也称翻车）密不可分。

《古今图书集成》中轮型桨推进的车轮舸

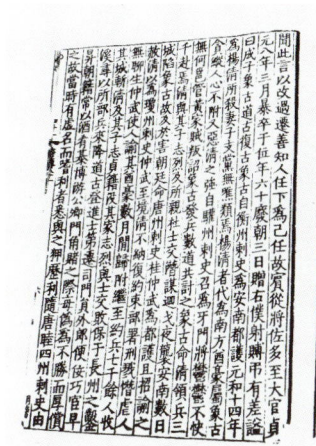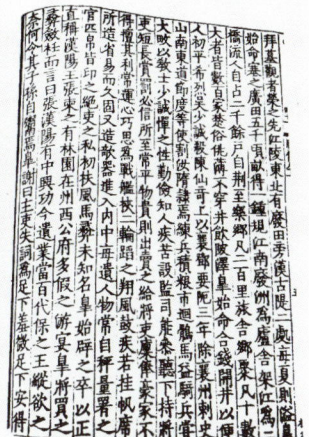

有关唐代李皋制造车轮战舰训练水师的文献记载

唐代曹王李皋曾经任荆州节度使和江陵尹，用车轮战舰训练水师。到了宋代，轮型桨推进的车船迎来大发展。宋代任过宰相的李纲曾经得到造车船的图样而建造车船。

造船图纸

元代最后一个皇帝顺帝，自己绘图设计大龙舟，并命人造真船，船能张牙舞爪，摇头摆尾。可惜我们今天无法看到古人设计的船的图纸，也不知道当时的图纸绘制成什么样子。

明代、清代文献对船的尺寸有较详细的记载，有的还附有草图。但是真要造出一模一样的古船，还需要费大力气。

私人造船作坊，由于多是师傅"言传口授"，有口诀，但口诀秘不外传，外人就是知道了，也迷迷瞪瞪，即使见到草图，非徒弟也难于看懂。

复原的宋代官军的23轮车轮战舰模型

隋代大龙舟——豪华的宫殿式建筑

三国时期魏明帝曹叡东征以及东吴大帝孙权，都乘坐过龙舟，当是宫殿式建筑。龙舟则是古船里宫殿式建筑的突出代表之一。最豪华的宫殿式建筑船舶，当属隋炀帝下江南时的龙舟、翔螭舟（凤舟）及各种舫船了。隋炀帝巡幸江都，船只总数5000余条，光纤夫就有8万人，船队首尾相接200余里，两岸20万骑兵护驾。

隋炀帝下江南的龙舟也不小，《资治通鉴·隋记》记载："御龙舟。龙舟四重，高四十五尺，长二百尺。上有正殿、内殿、东西朝房，中二重有百二十房，皆饰以金玉，下重内侍处之。"龙舟宫殿楼阁，流苏帐幔，饰以金玉，极尽豪华。有4层，中间两层就有房120间。

纤夫艰难地挽龙舟

隋炀帝开通京杭大运河，本可以是不朽的功绩。但隋炀帝骄奢淫逸，不顾百姓死活，这才激起瓦岗寨、刘黑闼起义，隋朝很快就灭亡了。

仿隋代龙舟模型（龙从发制作）

仅就龙舟而言，高45尺，长200尺，宽50尺，分上下4层楼。最上层有皇帝办公的朝房、卧室等，分正殿、内殿、东西朝堂和迴廊，中下层为内侍、船工的住所，全船有房间160间，皆用丹粉、珠翠、金银相饰，再用流苏羽葆、朱丝网络装扮，金碧辉煌，极其富丽豪华，古未有之。龙舟后面跟的是皇后坐的翔螭舟（即凤舟），及嫔妃、才人、王公、大臣等用的各种舫船，共涉及22种船名。

宋代龙舟也非常华丽，图为北宋张择端所绘《金明池争标图》中的龙舟

湖北出土的战国帛画

画上绘有人物御龙（舟）

海上丝路之造船开海

元代王振鹏《龙池竞渡图》宫殿式建筑的龙舟

唐代重大发明——抗横摇的舭龙骨

中国发明舭龙骨早于西方700多年。

船在大风大浪中航行会摇摆，如果摇摆厉害，轻则人会晕船，无法工作、作战，船会失速，重则甚至会翻船。因此，解决船的摇摆一直是人们十分关心的大课题。

中国很早就发明了简单有效的减缓船舶横摇的构件，这就是舭龙骨。在唐代李筌的《太白阴经·战具·水战具》中，较详细地介绍了唐代海军舰船，书中记载海鹘战船"虽风浪涨天，无有倾侧"，也就是说它有良好的抗风能力。后人分析是船上安装了舭龙骨。也就是说，唐代发明并使用了舭龙骨。这一分析为宁波出土的宋代海船所证实。清代《江苏海运全案》插图上称舭龙骨为"梗水木"。舭龙骨对横摇有阻尼作用，使摇摆周期变缓，幅度也可减小些。且舭龙骨比其他的减摇装置简单，现代海船上大多还在使用。

宁波出土的宋代海船上的舭龙骨

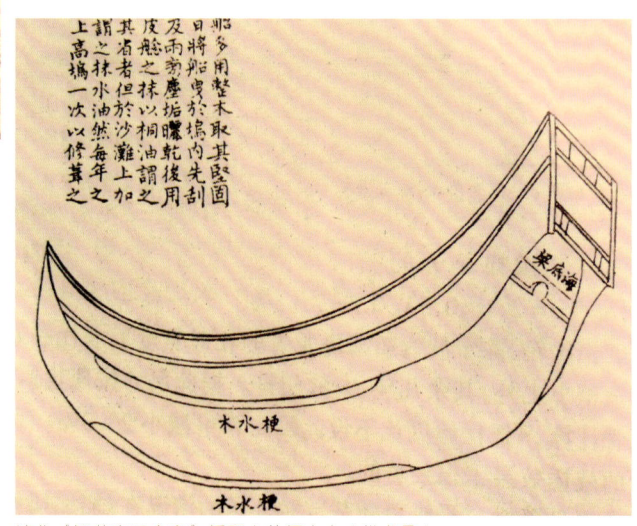

清代《江苏海运全案》插图上的梗水木（舭龙骨）

复原的唐代海鹘战船设有舭龙骨（模型）

苏联勃拉哥维新斯基所著《船舶摇摆》中说："开始使用舭龙骨是在19世纪的头25年，即帆船时代。"也就是说，外国1800—1825年才有舭龙骨。他不了解中国约公元7世纪舭龙骨已经应用在海鹘战船上，也没能看到中国出土的宁波宋代海船舭龙骨的实物。

现代渔政船舭部可见舭龙骨

广船特有的中插板

广船是广东地区建造的海船的总称。

中插板是广船特有的设备，广东称其为"插"。

在广东省的潮州、汕头一带，由于与福建省接壤，制造的船舶可能同时具有福船和广船的一些特征。

广东地区面濒南洋，在漫长的历史长河中，特别是秦汉以后，因躲避战乱、被朝廷强迫搬迁、经商、部队将士留守等各种原因，大量的越人迁入广东和福建地区。迁入的越人与当地人融合到一起，结合广东的地域条件，经过反复地摸索、改进，从而创造出了具有一定地域特色、又适合远洋航行的船舶。

广东海船有"铁船纸人"之称。"食水可深，风涛不能掀簸，任载重大，故曰铁船。船既厚重，则惟风涛所运，人力不费。" "广船木坚，蛀虫纵食之，亦难坏也。"即海蛆很难钻得动，可防海蛆钻蚀。广东海船"盖下海风涛多险，其船厚重，多以铁力木为之"。

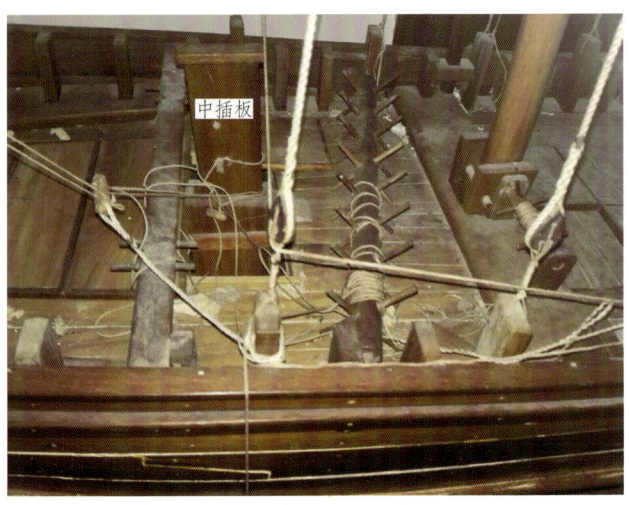

广船的中插板（模型，黄伙生制作）

有中插板的木船

铁力木硬度比松杉大得多，船不容易损坏，可大大延长船舶使用年限。

　　明代茅元仪的《武备志》记载："广船用铁力木，造船之费加倍福船，而其耐久亦过之。"明代郑若曾的《筹海图编》说："广船若坏，须用铁力木修理，难乎其继。"尽管初始投资大于松杉建造的船，总的计算，经济上也是划算的，广东海外贸易，本小利大，"故小民持一二钱之货，即得握椒，展转交易，可以自肥，广东旧称富庶，良以此"。船万一损坏，如果大修，成本会高。船东也不再修理，干脆报废造新船。因旧船板材是上好木料，可拆解后再做他用，还能回收到丰厚的资金（拆船木做成船木家具等出售，在广东很是红火，获利可观），这种状况已经延续至今。《筹海图编》说："此船在广，鱼盐之利自多，区区价微。"即运输贸易的盈利远远胜过修船支出的费用。

　　用上好的铁力木造船乃是实际需要和明智之举，也是广船的特色。

广东七艐船（模型，黄伙生制作）

但船光坚固还不够，谁都愿意出去跑一趟赚大把大把的钞票。广东南海水域是礁石密布的南中国海，加之潮涨潮落，船又力争多载货，获得最大的经济效益，故船的底部不像福船那么尖。广船的船体有突出的龙骨，尖首，中后部呈U形或浅勺形。由于U形或浅勺形在波浪中航行易产生横摇，即文献所指的"在里海则稳，在外海则动摇"，因此，广船在船的中前部位约是船的总长1/3处设置了中插板，用以抗摇摆。直航时可增强航向稳定性，转弯时可增大转船力矩，渔民在抛锚泊船时有时也下中插板以制动。当然中插板对抗漂也有利。

抗漂移的披水板

披水板也称"腰舵"或"头撬"，主要用于沙船，内河船有的也配置。

可见披水板

日本松浦史料博物馆珍藏的《唐船之图》上的沙船两侧有披水板

　　披水板在船的中部或略偏前，左右舷各装一只，是块木板，设转轴，一头安于转轴，一头系有绳索，需要时放下，不用时拉上来。

　　沙船平头、平底、方尾，帆多为矩形帆，主要用于北方航线。北方水浅沙滩多，船易遇沙滩搁浅。由于平底，万一搁浅"无大奈"。但北洋为滚涂浪，即直线或弧线状的涌浪，涌浪使平底沙船易产生漂移，故两舷设披水板可以抗漂移。

　　内河因航道多曲折，船需频繁操舵，披水板对船舶的回转性有一定辅助作用，故有的内河船也设了披水板。对此《天工开物》也有解释："船身太长，而风力横劲，舵力不甚应手，则急下一偏披水板以抵其势。"

独特的可倒桅和桅座

　　有河就有桥，桅杆须放倒船才可过桥洞。最初发明并使用帆时帆比较小，因此桅杆也不大，竖起或放倒桅杆并不难。船大帆大桅重，海风强劲，如不及时落帆，会导致翻船，有时还会折桅，需更换桅杆。所以桅可倒就很重要。

清代《古今图书集成》中的仙船（客船）的可倒人字桅

　　可倒桅有人字桅和单直棍形桅两种。

　　人字桅用于内河船，主要用于栓系纤索，也少有挂帆的，但是帆不大，多用布帆、席帆，帆的平衡比为1：1，操帆索4根，只适于顺风和斜风。

清代陈枚等《清明上河图》（局部）大官船的可倒人字桅

单直棍形可倒桅主要见于古代绘画作品和文献记载。

对于一条船来说，帆和桅杆自重还是不小的，特别是竹篾制的帆更重。如果这些重量直接作用在船底板上，就会导致应力集中，对船的强度是非常不利的。为此，中国的造船大师又发明使用了桅座。桅座是块整木，与船底板、舱壁用铁钉固定，支承桅夹，通过凹形榫槽与桅夹定位连接，不但使桅不易倾倒，还把帆、桅杆的重量均匀传递到船底的外板、舱壁板，大大减少了应力集中。

在出土的中国古船中，发现桅座的实例不少。

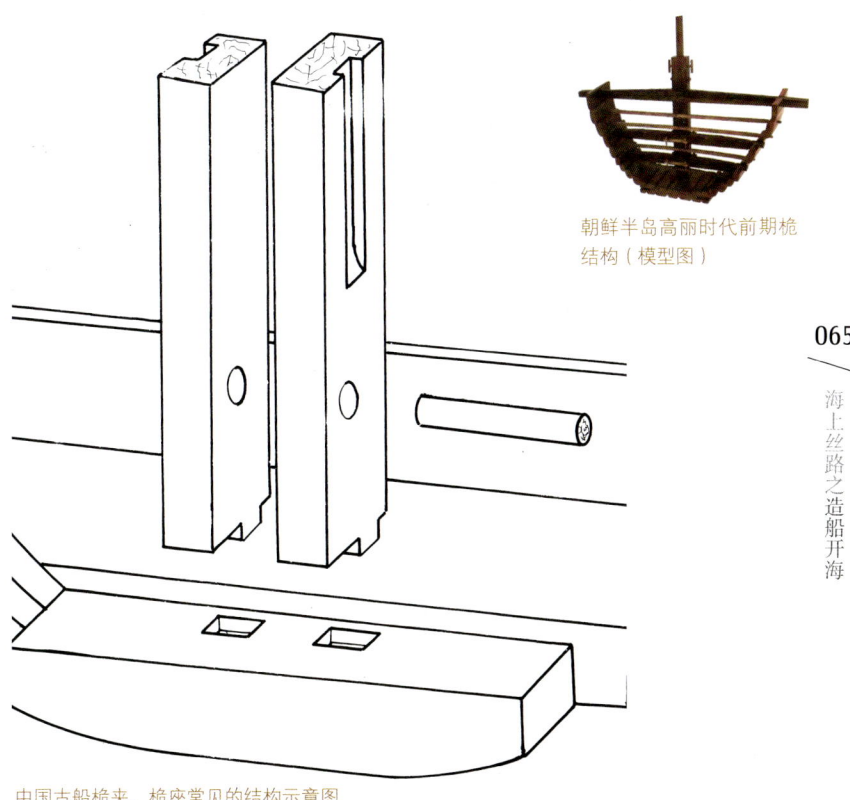

朝鲜半岛高丽时代前期桅结构（模型图）

中国古船桅夹、桅座常见的结构示意图

泉州湾宋代古船的桅座

江苏出土的元代古船的主桅座

天津张湾北运河出土的元末明初3号古船的桅座

中国使用可倒桅和桅座的技术还东传到朝鲜半岛。

北宋沈括的《梦溪笔谈》记载：在北宋嘉祐年间，曾经有船因折桅走不了，船漂至苏州昆山县（今江苏省昆山县），是赞善大夫韩正彦派中国的造船师将其桅改成可倒桅，"工人为之造转轴，教其起倒之法"。是说宋代嘉祐年间，平江军昆山海边漂来一只船，并有三十多人嚎啕大哭，说汉语听不懂，写汉字不认识，后来他们拿出一个文书类的一看，才知是高丽人，因遇大风桅杆断了，回不了家，在那正着急呐。原来，那时的朝鲜半岛造的木帆船，桅杆有凸榫，龙骨板上有榫口，桅杆直接固定于龙骨板上，桅杆不可能倒。韩正彦一方面派人热情招待，另一方面派人把桅杆改成可倒式，并教高丽人如何使用。这样三十多位高丽人才高高兴兴地返回了家园。

浙江象山出土的明代古船的桅座

中国特有的挂锔技术

挂锔技术是中国古代造船一项特有的技术，它使建造工艺简单、快捷，并且可靠，一直延续至今。

秦汉以后，中国古船虽然已经普遍使用铁钉了，但是舱壁板与外板的连接还是出现了其他三种钉子：

第一种是铁锔钉，用来拉紧外板与舱壁板。

蓬莱2号明代古船典型的舱壁结构，可见舱壁上的铁锔钉（模型）

上海宋代海船舱壁与外板的挂锔

福建泉州湾宋代古船舱壁上留有许多挂锔槽痕

出土的元明时期的铁锔钉

江苏省金湖现代木船底部的锔钉

第二种也是铁锔钉，可称其为定位锔钉，并不是用来拉紧外板，而是用于舱壁板的定位，此种铁锔钉可见于蓬莱1号元代古船舱壁与龙骨连接处。有的船则用小方木桩做定位。

蓬莱1号元代古船龙骨上的定位铁锔钉

江苏元代古船舱壁在龙骨上用木方桩做定位锔

第三种是木锔钉，即木钩钉（实际是一头大一头小的木楔形的木构件），一端钩住船的外板，再将另一端钉在船舱壁板上，使两者相连接。

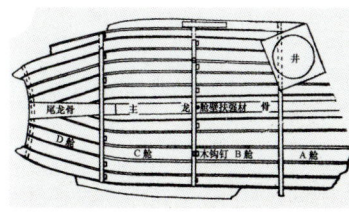

福建法石乡出土的宋代古船用木钩钉

韩国新安郡出土的中国元代商船用木钩钉

另外，"水平倒梯形缝加木榫"和"水平倒直角缝加木榫"，这两种舱壁板的连接方式，同样反映了中国元明两代造船技术的先进性和科学性。

中国古船舱壁板多选硬木，特别是最下方的木板，大都选用耐腐蚀的硬木，且厚度大于上面的壁板，船大就很明显。这块底板称为"舱壁座木"。从出土的文物看，用樟木居多。

早期，壁板之间的连接应是水平子母口对接的直线缝和水平方向自然缝等同时并存。板之间除用铲钉

泉州古船壁板的子母口直线缝　　　象山古船壁板的自然缝

外，还用枣核钉或竹钉串联。

蓬莱1号元代古船的舱壁板采用水平倒梯形缝，上下板间还加以木榫。蓬莱2号明代古船则采用了水平倒直角缝加木榫。

枣核钉、铲钉和木榫足以保证舱壁垂直方向的强度与稳定性，倒梯形缝或倒直角缝使上下壁板咬合，再加上木榫、铲钉，使舱壁板牢牢构成一个不易松动、不能错动的整体，再大的碰撞，也不会使壁板产生位移，从而确保了船舶的横向强度。

中国古代能建造很大的木船，与舱壁多、间距较小、舱壁结实可靠有关。

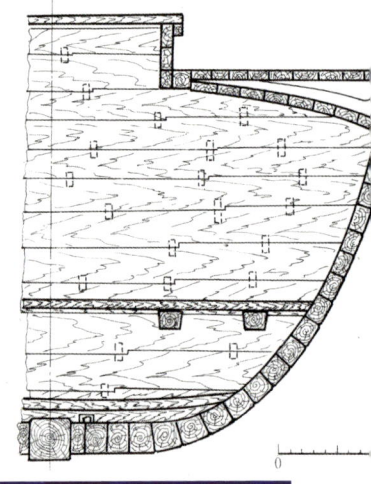

蓬莱2号明代古船舱壁板用水平倒直角缝加方榫连接（右上为平面测绘图，下为结构模型）

蓬莱1号元代古船舱壁板用水平倒梯形缝加方榫连接（上为实船，下为结构模型）

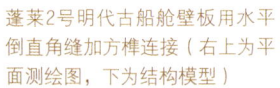

世界上最早的航母——郑和大宝船

在明代的1405—1433年，郑和率庞大的船队七下西洋，将中国的瓷器、丝绸、茶叶、大明历、中草药、土特产等通过赠送、贸易运送到有关国家和地区。还传去了不少中国的文化和技术。同时换回了香料、胡椒、苏麻黎青、斑马、犀牛、长颈鹿等。

郑和船队模型

外国学者评价说，其海军力量超过当时欧洲海军力量的总和。但是没占领别国一寸土地，没在别国留下带武装的一兵一卒。

郑和七下西洋，有5次可知参航人数，分别是：27870人，27000人，27670人，27550人，27411人，另2次人数也应在27000人以上。船只200多条，有宝船、马船、粮船、水船、战船等。

据下西洋时担任过翻译的马欢所著的《瀛涯胜览》及《明史》等不同文献记载，宝船大者"长四十四丈四尺"（或四十四丈）、"阔一十八丈"。据估算，最大的宝船一艘排水量就在1万吨以上。船长124~135米。这是世界上古今最大的远洋木帆船，难怪有人说它是"世界上最早的航母"。

郑和七下西洋，为中国与亚非人民的传统友谊奠定了坚实的基础。

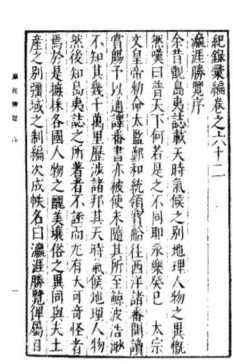

马欢的《瀛涯胜览》书影

复原的郑和大宝船模型

　　郑和七下西洋，据估算，最大的宝船一艘排水量就在1万吨以上。船长124~135米。这是世界上古今最大的远洋木帆船，有人说它是"世界上最早的航母"。

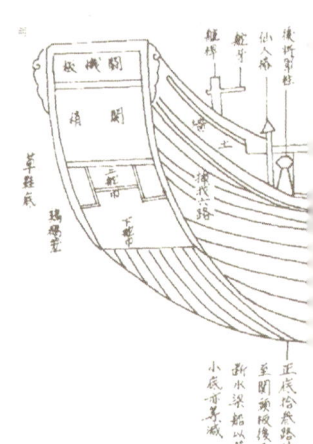

船舶建造

科学管理

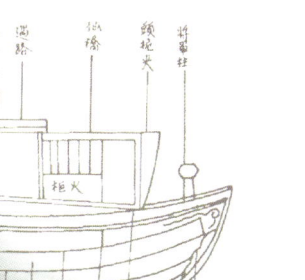

造船厂厂址的选择

"造船厂"的术语，在明代以后的文献才普遍出现，如明代书籍《龙江船厂志》和《漕船志》等。春秋战国时，越国称船厂为"石塘"，越王停放船的地方称"舟室"。

对造船厂的选址，历来讲究。要看是否有平地作为建造船舶的场地（也叫船台），是否避风，是否与江、河、湖、海相通，是否会因淤积影响船的进出等。

过去造船厂的选址还要专门请"风水先生"先看风水，选在"风水宝地"。且造船厂开工要举行庆典，是很隆重的大事。

600年前南京宝船厂遗址，修造船的作塘通江达海

就地取材造木船

据《明史·食货三·漕运·仓库》记载："初，船用楠杉，下者乃用松。"

从出土的古船和文献记载可知，造船材料涉及杉、松、楠、樟、榆、槐、柏、楸、稠木、铁力木、乌婪木、檀木等多种木材。船的外板用量，在造船用材中占比重最大。除广船外，其他地区船的外板，用杉木最多，其次是松木。

运木船装载的杉木

广东地区因面濒南海，暗礁多，水位落差大，为了防止触礁而船毁人亡，船造得很结实。广东海船有"铁船纸人"之称。"食水可深，风涛不能掀簸，任载重大，故曰铁船。船既厚重，则惟风涛所运，人力不费"。"广船木坚，螫虫纵食之，亦难坏也"，即海蛆很难钻得动，可防海蛆钻蚀。广东海船"盖下海风涛多险，其船厚重，多以铁力木为之"。铁力木其木色似灰铁，硬度比松杉大得多，船不容易损坏，可大大延长船舶使用年限。过去一般的船，以明代为例，官船有效寿命规定为10年报废。而广船，只要注意保养，据说用三五十年没问题。明代茅元仪的《武备志》说："广船用铁力木，造船之费加倍福船，而其耐久亦过之。"

广东远洋船万一损坏，如果修船，成本较高，船东多不再修理，干脆报废造新船。旧船板材因是上好木料（基本属红木类），拆解后再做他用，还能回收到丰厚的资金（如拆开的船木都做成家具等出售，获利可观），这种状况已经延续至今。

四人抬木造船

用上好的硬木造船乃是广船的需要和明智之举，也是广船的特色。

对于木帆船来说，当张满帆时，风压中心上移，对稳性极为不利，故古代木帆船不得不以土石或重货在底部压载。广东海船用铁力木或其他密度为1左右的硬木造船体，无形之中使船舶升帆时的合重心降低，故船体既结实又改善了稳性。

广东在明代早期以前用铁力木造船，明代中期以后，广东产的铁力木基本枯竭，要从南洋进口，后用泰国的柚木和海南岛的红菠萝木，现在用进口的梢木，都属于硬木。

　　其他地区的船舶，用杉木最多，其次是松木，少数用樟木，而古代山东阳谷县台前镇（今河南省台前县）则习惯用杨木造船。

　　江浙自古属吴越之地，造船业发达，但是缺少杉木和松木，需要从四川、湖南、湖北、江西经长江以捆扎成的排筏顺流将杉木运抵浙江。

　　一部分杉木则来自福建，属于海上运输，有专用的运木船。木材运到，再靠人力拖拽、人抬、肩扛至堆木场和船厂。

　　广东台山长房船厂采购的造船用梢木原木。

　　广东潮汕一带的海船外板有的用杉木，有的用硬木，广东其他地区的海船则用铁力木、柚木、红菠萝木、巴劳木、梢木等硬木。广东内河与近海有的船用松木。

　　宋元明官方船厂有的有图纸，图纸称为"样"，也是现代常说的依据图纸造船要"放大样"的缘起，遗憾的是至今古代船的图纸无一遗存。

二人扛木

单人扛木

造船厂的工种

官方的造船厂分工明确、细致，各司其职，私人作坊则基本是一人多能。

据《南船记》《龙江船厂志》和《船书》记载，古代把修造船各工种称为"作"，工头称"作头"，相当于工段长或车间主任。

造船厂的工种名称和作用

名称	作用
木作	负责锯木、下料、装修、钻孔、抬板、船舶木工的装配与更换木料
捻作	负责撕麻、舂灰、捻缝
油漆（饰）作	以桐油、石黄、二硃、白面、土子、瓦灰、密陀僧、生漆、黑煤、水花硃、水胶、光粉、香油、酱硃、点漆为原料对船进行油饰
五墨作	以银珠、黑煤、二硃、光粉、三硃、合绿、藤黄、青定、花青、金粉、桐油等为原料，负责彩绘
装銮作抹金作	负责以金箔、轻漆、生漆扶金、贴金
索作	负责制作棕麻绳索
旗作	负责制作旗帜
缨作	负责制作缨穗
旋作	负责加工滑轮、桅饼、宝珠顶、木铃铛、鼓槌、七星板、葫芦和仙人掌
染作	负责染布料等
裁缝作	负责缝制有关布料
铸作	负责铸造铜铁件
桶作	负责制桶
铜作	负责制锣、合页、锁等

双人用拉锯将大原木破成木板

名称	作用
鼓作	负责制鼓
蜊壳作	负责制蜊壳窗，以蜊壳替代玻璃
铁作	负责制熟铁件、铁钉、铁浮件
帆篷作	负责制帆、篷

此外还有竹作、涤作、摆锡作。

有时有的工种合并，也不是每艘船都用得上，主要是档次高、豪华的官船才会齐上阵，如隋代的龙凤舟、舫船，宋代的神舟，明代的预备大黄船，清代康熙、乾隆南巡时所乘的座船，出使琉球的封舟，民间有的花船、舫船等。而像普通民船、货船、划子，仅需要部分工种。

大型木船的建造，是需要各工种间的协同合作的。

墨斗

1. 木作

木作即木工。木工工具繁多，有锛子、斧头、各种锯、各种刨子、各种凿子、手工钻、曲尺、直尺、墨斗等。

斧头、刨子、凿子

凿子和船钉

手工钻

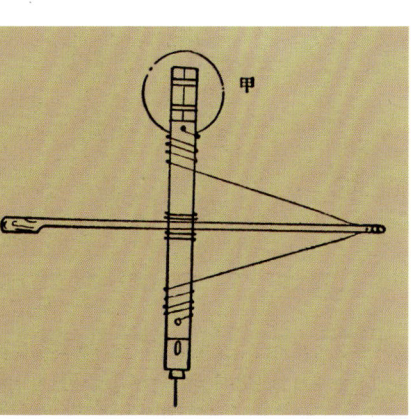
手工钻示意图

在锯木之前，大木用锛子先砍一砍，小木用斧头先砍一砍，出现一平面，然后用墨斗划出直线，再锯。大原木与小原木锯法不同，有双人用大拉锯锯的，有一人用手锯锯的。

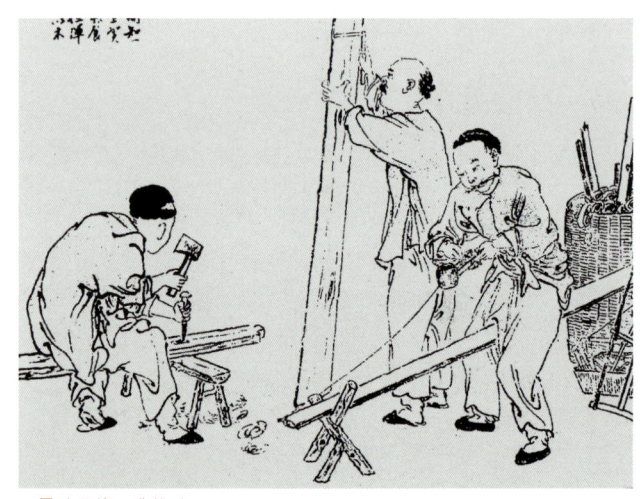

用墨斗画线，凿榫孔

木作现场加工木钩件

造小船

2. 铁作

铁匠打铁，至少在北宋就烧煤了。那时的燃料，除柴草、树枝、劈柴，还有煤、石油、炭（木炭和竹炭）。一人拉推风箱鼓风。师傅一手拿夹钳夹住锻打的铁件，铁件在炉子里烧红，再放在砧子上，另一手执小锤，一位或两位徒弟抡起大锤，师傅的小锤点哪，大锤就打哪，要求精准，配合默契。叮叮当当，非常有节奏，演奏出的是美妙的旋律。

山东省聊城出土的元代古船上的铁钩尖、铁箍、铁环

老铁匠铺

师傅与徒弟锻打铁器

3. 帆篷作

帆篷，这里主要指帆和船上的篷子。

汉代刘熙的《释名》记载："随风张幔曰帆，帆，泛也，使舟疾泛泛然也。"帆也称"篷"，广东称帆为"䉓"。

中国的船帆何时出现，学术界尚有不同意见。

"随风张幔曰帆"的幔字，表示用的是软帆，可能是麻布做的帆。

中国的船帆有布帆，有竹篾制成的硬帆，有席帆，还有用栌头木叶制的帆。

布帆一直有，但是除官方船外，民船多用席帆和竹帆，因席帆和竹帆成本低。东汉时中国从印度引进了棉花种子，到了13世纪中叶，中国大部分地区已经普遍种植棉花。海南、福建、广东率先发展了种植棉花和纺织技术。元代黄道婆改进了一整套织布技术，棉布成本降低，买布做帆没那么贵了，船上用布帆也跟着普及。

日本称布帆为"木棉帆"，使用时间比中国晚。

布帆的优点是比较轻，但日晒雨淋下容易坏，因此，人们又对布帆进行防火、防雨、防腐处理，《兵

敦煌第45窟唐代壁画，绘有布帆船

布帆

录》记载："制篷索药，每白矾十斤，皮硝五斤，栀子四斤为末入水五斗，熬三五沸，制在篷索上，以防雨火也。"不同地区，处理方法不同。有的将栲树皮或槲树皮或薯莨块茎或龙眼树枝或荔枝木捣碎成粉，放进水中浸泡或加热成浆，帆需经几次浸泡或煮，然后晒干。

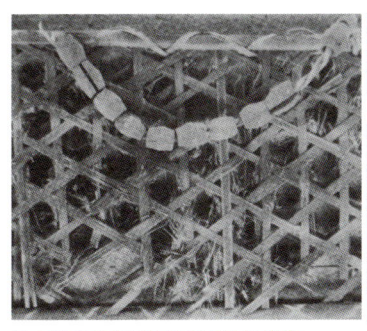

日本江户时代制作的中国竹帆模型

竹篾制的硬帆（模型）

用布帆的舟山绿眉毛船
（舟山岑氏木船坊建造）

　　竹帆的制作，则是先用新砍下的大毛竹劈成竹篾，再编成孔网呈六角形的长方形片，片的大小根据帆的需要来确定。网片内夹箬叶，便做成了一片帆叶，加上方框加固，再用绳子将多个帆片框子沿帆边相连，使其既可展开，也可折叠放置。

　　席帆就是以编织的席子做成的帆。广船用的席帆是"以蒲草席缝之"，日本称其为"筵帆"。

古代人编席制作席帆

清代贺长龄《江苏海运全案》中"三不象船"上挂的席帆

广东出土的汉代船模可看到船篷

　　船篷是船甲板上用来挡风遮晒避雨用的篷子。有的篷是固定的，有的随时可以拆卸。在江南一带，篷的多少，既可看出船的大小，有的还意味着船的档次高低。

　　船篷以竹篷最多。船在室外，日晒雨淋，要使篷使用寿命长，不漏雨，需刷上桐油。大家听到最多的是乌篷船。乌篷船是以桐油加煤灰调和刷篷，呈黑色，故名乌篷。如果只用桐油不加煤粉来刷篷，就是白篷船了。

有船篷的运河船（模型，张春阳制作）

小型商船

　　船尾部舷墙板上书写
有"福建黄老浔商船"，
船上可见船篷。

清代《古今图书集成》中作水上驿站的站船，可见到船篷

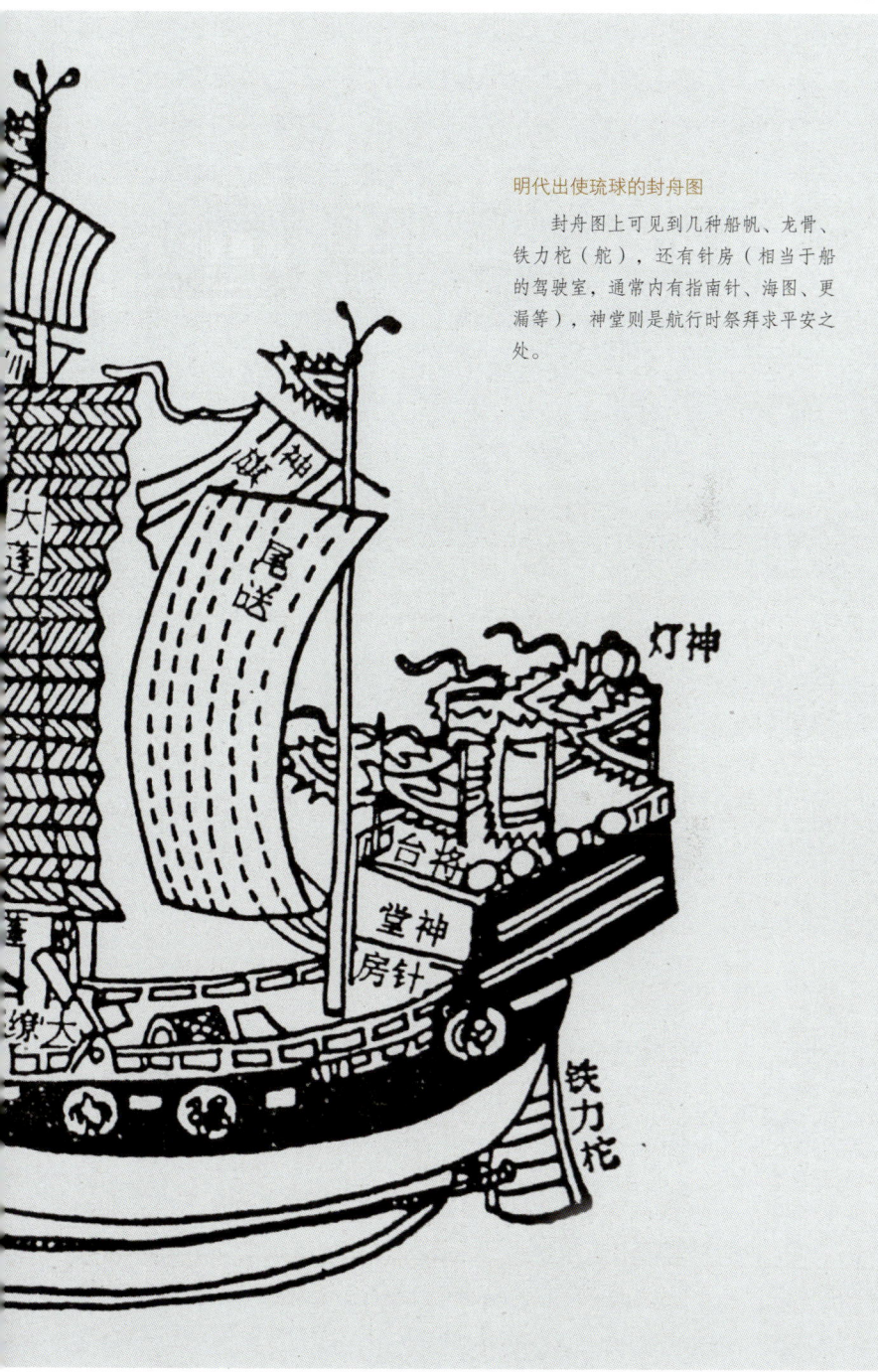

明代出使琉球的封舟图

　　封舟图上可见到几种船帆、龙骨、铁力柁（舵），还有针房（相当于船的驾驶室，通常内有指南针、海图、更漏等），神堂则是航行时祭拜求平安之处。

灯神

台格

神堂

针房

铁力柁

4. 捻作

木船是多块木板拼接安装起来的，板与板之间就会有缝隙，有缝隙就会渗漏水，危及船的安全，故造船完工后，下水前必须要用油灰填好缝，这就是捻缝。

我国使用油灰捻缝技术很早，跨湖桥出土的8000年前的独木舟就修补过，只是不知用的是何种材料。公元前310年的河北省平山中山国王墓葬船坑里，已经发现了油灰和油抹布遗存物。我国至今出土的唐代及其后的多条古船，都有舱料遗存。

2005年蓬莱出土的古船上的舱料

（1）舱料

南京宝船厂遗址出土的舱料

舱料俗称"油灰"，以桐油、石灰（蛎灰）、麻绒（竹绒）按比例精细加工而成，用来填补板的缝隙，使船不渗漏水。

桐油是中国的特产，具有防腐、防水、燃点低的特点，至今也控制出口。桐油是用桐树籽压榨出的油，在没用化学油漆之前，雨伞、木盆、木桶、家具、箱柜等都是用桐油防腐，甚至包括用驴皮制作皮影用的皮影人，也都要上桐油。

舱料中的灰，过去温州以北用石灰，温州以南因石头不适合烧石灰，用蛎灰。蛎灰是以蚝蛎壳烧制而成，比石灰好，本身带黏性，而石灰则松散。福建、广东和广西造木船，至今还是用蛎灰。

麻绒是以麻或旧渔网剁成短段制成的绒。麻绒比竹绒使用寿命长。竹绒是将成年的大毛竹先去掉青皮层，然后用刀刮出绒状为竹绒。今天已经用机械制竹绒了。广东和广西用竹绒。

桐油是舱料的黏合剂，蛎灰或石灰是添加剂，麻绒或竹绒起拉筋加强作用。

烧蛎成蛎灰

房蠣取鑿

取蛎

制作艌料是非常细致的活，有专门的艌工，工夫不到位的油灰，会影响造船的质量。"春灰者心须宽，力须猛，心不宽则入油太骤而多皱而不纯，力不猛则不得成胎，少弛则败弃矣，撕麻须细。"

制作艌料

捣艌料的工具臼、杵和艌料

制作艌料

（2）捻缝

需先在船的板与板之间开坡口，坡口大小、深度与板厚、板的材料有关。再往坡口内打入麻绒（竹绒）、上油灰、抹平，最后上几道桐油。捻缝有专用的工具。

图中捻缝工具有捻凿、刨刮、拔钉器、送钉器等

图中捻缝工具有捻凿、刨刮、送钉器和刷子等

捻缝工具捻斧、刨刮、捻凿

用刨刮开槽

打进竹绒

抹平艌料

涂刷桐油

5. 索作

负责制作棕麻绳索等，包括帆索、锚索、舵索、纤索、系船索等。

用黄麻、萱麻纤维拧成的麻绳即麻索，以生猪血浸染蒸煮处理，可防腐。

用棕榈树皮纤维制成的绳属棕绳，棕绳比较耐腐

浙江省宁波随船出土的宋代棕绳

浙江随古船出土的元代棕绳

以竹篾编成竹缆

天津市张湾北运河出土的元末明初古船上的棕绳

南京宝船厂遗址出土的600多年前的棕绳

清代王翚的《康熙南巡图》局部，可见纤夫拉纤索

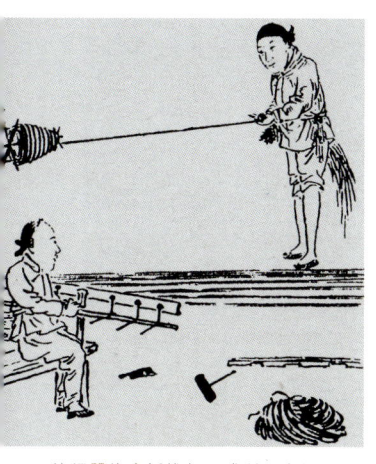

蚀。以铁链作索是链索。麻绳用于系缆、操帆等，棕绳用作锚索。竹缆是以竹蔑编成的绳索，多用作纤索，因竹缆耐腐蚀，韧性强，承受拉力大。广船用棕绳的不多。

用绞绳器将麻纤维加工成所需麻绳

古人击麻制作麻绳

　　为了减少摩擦力，使操帆作业等快捷并延长绳索的使用寿命，木帆船配有各种滑轮。滑轮的材料要耐磨结实、不易炸裂，北方多以枣木，广东、福建以荔枝木或龙眼木为材料。

浙江元代古船的滑轮

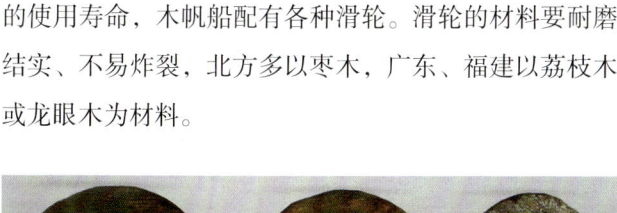

南京宝船厂遗址出土的600多年前的滑轮

木滑轮

船舶建造从底起

明代宋应星的《天工开物》记载："凡造船，先从底起。"

平底船底部中间那块木板称"龙骨板"或"平板龙骨"，尖底船底部中间那根大木称"龙骨"，广东有的地区称"底骨"。

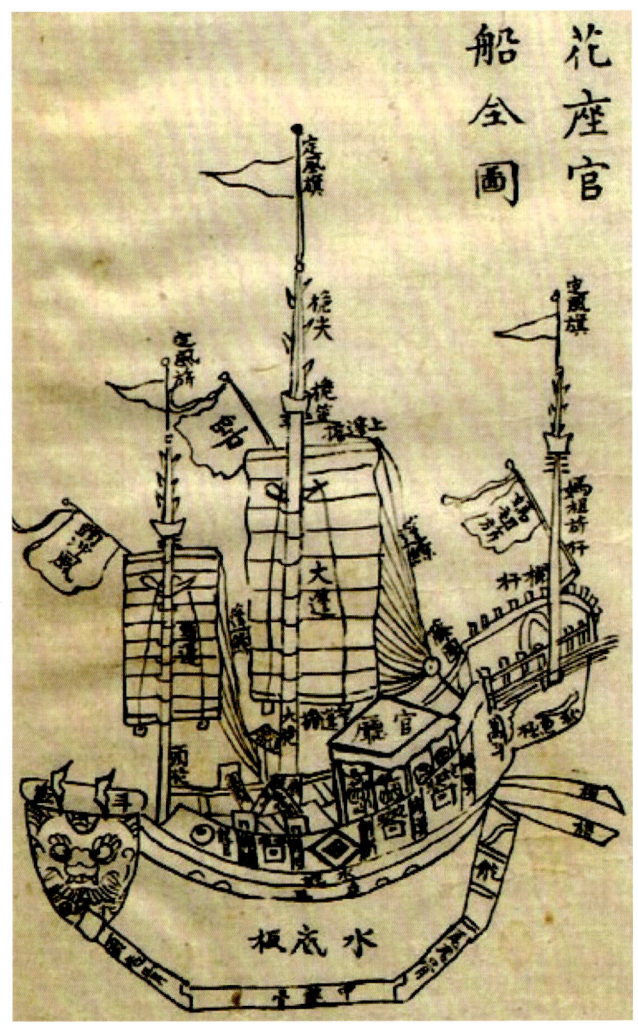

清代花座官船图

船的底部从左到右，可看到头龙骨、中龙骨、尾龙骨。

选好日子和时辰，选好位置，龙骨或龙骨板一定位，就表示这条船开工了。要举行开工典礼，广东有的地区称为"扎槽"。

扎槽当天，即开工那天，选最吉利的位置将船的龙骨（底骨）定位。广东省江门地区，用红布将两朵纸花扎在龙骨船头一方，放上两枚枣核钉（广东称"信钉"）；而台山、阳江、电白地区，是用红布将大果（柚子、桄榔）枝叶、长矛草、写有"大吉大利"的红包扎在龙骨前端。扎槽由船东和大师傅一起做，船东给大师傅红包，内装少的一两元，多的一二千元，并无规定，只是图个吉利。

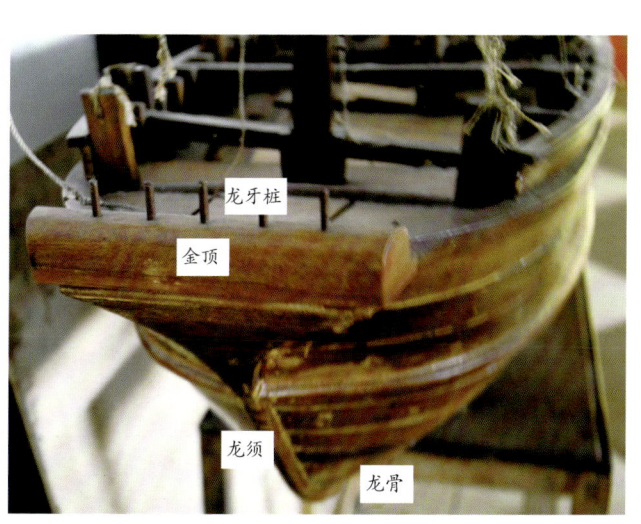

广东省台山某木船厂龙骨首部扎槽的红包、茅草、柚叶和红布

龙牙桩

金顶

龙须

龙骨

海上丝路之造船开海

广东省阳江地区用四根圆木铺龙骨。龙骨下有的地区放碗，碗内装老姜、醋。龙骨一旦定位，绝不可移动，任何人遇龙骨，都要绕着走，绝不可跨步从龙骨上迈过去，跨过去犯忌讳。

船的底板只能是单数，不能双数，因过去的棺材底板是双数，用双数很犯忌讳。

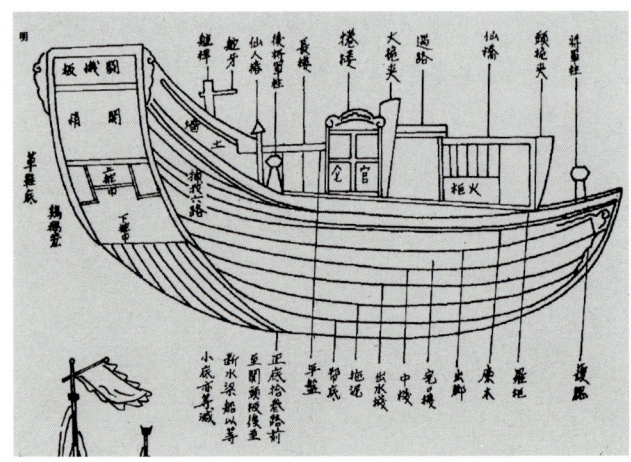

明代《南船记》古船及名词术语

　　龙骨前方摆上供品，有茶、酒、肉、菜。最前为茶，其次为酒，再次为肉，最后为菜。茶杯、酒杯三盏或五盏，筷子三付或五付，不能用双数。筷子只能放右边，不能放左边。供品的鸡用熟鸡，猪肉要连皮带肉带骨。在广东，猪肉意思是"新生"。围龙骨一周烧香、撒纸钱、纸制元宝、燃放鞭炮。各地大多摆酒席，宴请造船师傅、亲朋好友、街坊四邻，有的家庭经济条件好的，连过路客都可去吃酒席捧场。到场的人，东家都给红包，不必送礼包。

　　在江苏省太湖等地区，造新船称"打船"，也是十分隆重，要敬神、祭拜、祈愿。

　　太湖地区造新船甚至要办三次酒宴。

　　太湖造船开工选良辰吉日，在专用的船坞先敬天地，后敬鲁班，祭祀完后，由船东请工匠和亲朋好友吃"开工酒"。在开工之日，造船的工匠吃酒时要手提鲤鱼，意思是"跳龙门"交好运。从工匠进入造船之日起，船东每日在请师傅的菜肴中，必须有鲤鱼以讨吉利。

太湖一带是平底沙船，开工第一天清晨，船东和木匠头共同在船的龙骨板的中心用墨斗弹出一根墨线，称为"定星线"，此板称"定星板"，大都避开旁人，以免谁说了不吉利的话。船东要在定星线上举行祭祀仪式并祭祖，当地称"斋利市"，然后放鞭炮，办"定星酒"。讲究的船东家还要分送"定升糕"，取高兴、高升之意，以示开工大吉。

木船建造中（模型）

基本完工的小船

造船先铺好龙骨（龙骨板），然后从中间往两边铺船底板，开始竖最下方的舱壁板（也称"舱壁座木"），再装舭部外板，舱壁板与船外板同步向上安装，最后甲板、舷墙板、上面的房间，再竖桅杆等。

快完工的小船

船舶制造的习俗

船舶制造过程中，也有许多的讲究与习俗。

在江苏省太湖地区，"定星板"（龙骨板）定位后，再装其两旁的板，称"捧心板"和"护心板"，然后装船侧板和上方的完口板。船身拼好船板后，装前后封板，称为"前后兜紧板"，渔民称其为"龙门板"。在钉龙门板时，渔家特别注重"讨吉利"，如果有人此时说了不吉利的话，按民间俗规，会使整条新船前功尽弃，后患无穷。故为了避免人多嘴杂，造新船最后钉龙门板时，必须选择在清晨，由木匠头单独进行，旁边只可东家一人在场。龙门板一合拢，一定会放鞭炮，东家给木工头发红包。

考古工作者发现宁波宋代海船的"保寿孔"

在福建省福州市，最看重船头上方的一块板（即"关头板"），木工头手持斧头"啪！啪！啪！"一斧一钉把这块板钉上去。如果顺利钉好，东家发红包，如果不顺，不给红包，还要走人！

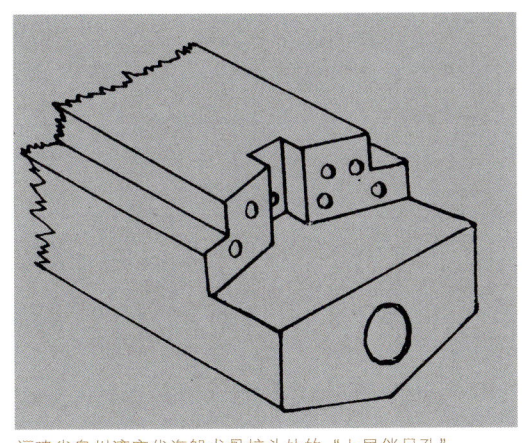

福建省泉州湾宋代海船龙骨接头处的"七星伴月孔"

在广东有的地区，造船的大师傅如家中遇丧事，需主动回避。如果东家找不到新师傅顶替，先由大师傅给东家一红包，东家回一红包，表示已经破解。孕妇不能去造船现场，经期妇女也不能去现场。妇女必须梳好头发才能去现场，绝不可披头散发去，如披头散发被正在造船的人看到会认为不吉利。龙骨任何人不得跨过去，只能绕着走。人们做饭的铁锅反面会生污垢，如果在造船的现场看到有人将铁锅扣过来刮锅底，认为大不吉利，当天停工。

在广东，船的龙骨中线处不可钉钉子和钻孔。

福建地区造的船，在龙骨的接头处放7枚铜钱和1面铜镜，称为"七星伴月"。

福建省厦门地区和浙江省象山地区，在龙骨的尾部搭接处开有方槽，槽内放"五金五谷"，寓意"五谷丰登"和"财源广进"。

浙江沿海有的地区，在龙骨的接头处放4枚铜钱，称为"保寿孔"。

但放进了何种"宝物"，"宝物"又放在什么位置，是对外保密的。

海上丝路之造船开海

各具特色的弯船板高招

　　船越大，船的外板越厚，外板的成形加工装配也越困难。特别是硬木的外板更不好弯过来装到船上。

　　为了解决厚板安装的问题，中国的造船师们想了一些招数。广东一带采用"弯木地牛"，即把木板用火烤弯。江浙一带用开水一遍遍地浇，即把安装的外板固定一部分，然后拉紧，边浇开水边收拢，直到完全到位钉牢为止。山东地区是用水煮木板，做一长条形的水槽，内放水，放进木板，生火，加热水使木板变软再安装。在福建霞浦，制作"五板船"时，因使用的樟木板宽而大，采用泥巴涂板再烧烤弯板的方法。江苏、浙江有的地区造木船，也有用热蒸汽喷熏弯板的方法。弯船板，各地有各地的高招。

广西"弯木地牛"工艺

重板结构的诸多好处

中国船的外板还有另一种结构，这就是重板结构，较好地解决了弯板难题。例如，板需10厘米厚，如果用每层厚5厘米的双重板，显然，弯5厘米的板比弯10厘米的板，容易多了。

初期，此方法主要是出现在福建省漳州、泉州、厦门一带。

泉州湾宋代海船船侧板为三重板结构

外板使用重板结构，《马可·波罗游记》描述："此种船舶，每年修理一次，加厚板一层，其板刨光涂油，结合于原有船板之上，单独行动张帆之二小船，修理之法亦同。应知此每年或必要时增加之板，只能在数年间为之，至船壁有六板厚时遂止。盖逾此限度以外，不复加板，业已厚有六板之船，不复航行大海，仅供沿岸航行之用，至其不能航行之时，然后卸之。"

南海南宋中期沉船"华光礁1号"，船并不很大，竟有五六重板，可见此船已经使用较久了。

采用重板结构，具有以下好处：①钉子吃得紧，

韩国新安郡道德岛出土的中国元代商船，首封板为二重板结构

不易钉豁板裂。②万一外层板破损，还有一层板保护，船舱不易进水。③可充分利用木材。④船板安装后，由于船板弯曲，会产生内应力，采用重板结构，可以减小外板附加给船的内应力。⑤便于外板成形与安装。⑥船舶可以向大型化发展。

战国时中国船就有了甲板

甲板，也称"艑板""厫板"。

早期的船没有甲板，到了2000多年前的战国时期，中国的船有了甲板，这从战国时的文物可以明显看出。

春秋战国时期，诸侯列国相互征战，其中少不了水战，水战的结果促进了船舶的发展。

有了船甲板，人们不必再承受日晒雨淋；有了船甲板，船内货物能保持干燥；有了船甲板，人们作业方便多了；有了船甲板，船内不易进水，船的安全性变好；有了船甲板，提高了船舶的强度，有利于船舶向大型化发展。

北京故宫珍藏的战国铜壶

船甲板要求不渗漏水，即要保证水密。因此甲板具有梁拱，也就是说，甲板的中间高，两边底，雨水落在甲板上，会往两边流，可以排到船外。

　　西方10—12世纪时，船还没有甲板。

战国文物上的水陆攻战纹饰，可看到船有甲板

海上丝路之造船开海

国外追回的东汉陶船模，可看到甲板

各种各样的船首

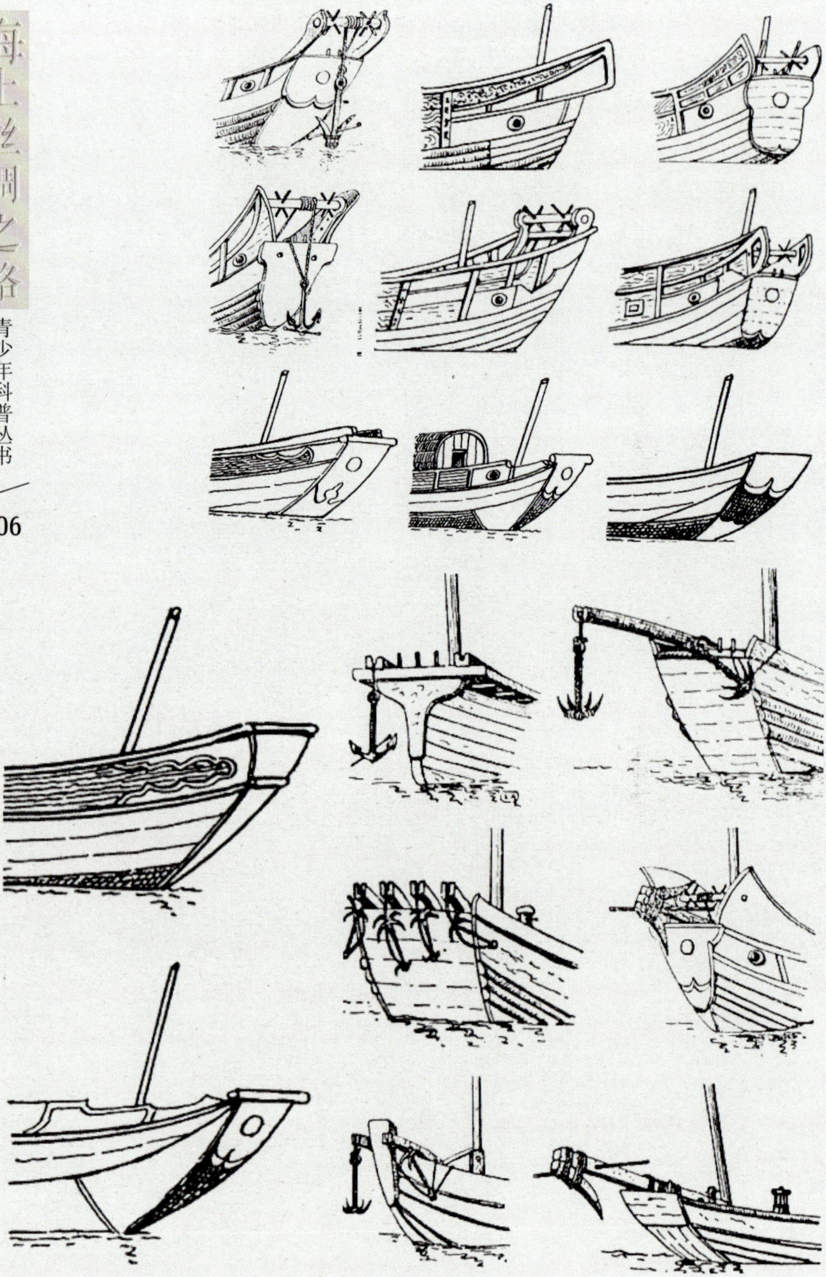

福建大钓船首部（模型）

清代文献中"八桨战船"船首有老虎口，上画有狮头

复原的菏泽元代古船平头平底

各种各样的船尾

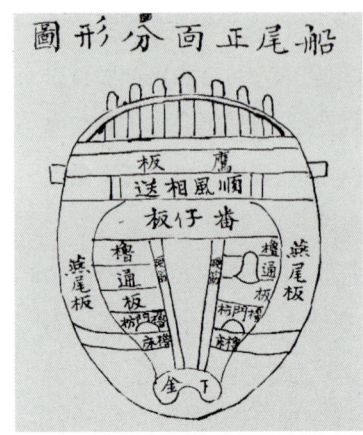

清代文献记载的福建战船尾封板

福建运杉船
尾部及彩绘

广东圆尾船（模型，
黄伙生制作）

清代王翚的《康熙南巡图》第
11卷（局部），南京秦淮河畔
维修的豪华大官船为方尾

船舶的系泊设备

　　船舶既有航行也有停泊。"泊"就是指船舶在某一位置停住。日本早期的遣唐使船，沿岸航行，朝行夜泊。郑和下西洋时，船队到达某处目的地，也需泊船。世上没有只航行不停泊的船。

　　因此人们必须想办法解决船停下后不会跑掉的问题。因为风吹、水流、浪涌等因素，如果船不约束住，就会离开原来停泊的位置，还有可能酿成大祸，船因走锚出事的例子还不止一次。

山东省长岛南长山出土的宋代石碇（长岛县博物馆供稿）

1. 石碇

　　人类早期不大的船，有的干脆人拉拽上岸，办完事再推下水。像太湖的野鸭船，尖头方尾，长3米，一个人扛起来就走，想放那放那，也就不需那么复杂。大些的船，有时岸边有棵树，用绳索一头拴住船，另一头系结在树上；有时遇到突出的大石头，将绳索拴系在石头上。后来，将一块大石头用绳子捆牢或用网袋装些小石头并丢进水里，靠石头重量拽住船，这就是最早期的"碇"。网袋不耐磨，未加工的石头不方便拴得牢靠，故后来人们将石头加工成一定形状，凿出穿绳孔，栓得牢固保险，既美观，又实用，这就是我们今天能看到的石碇。

山东省庙岛出土的宋代石碇

2. 锚

　　锚，最开始是选用一段树杈，将树杈的一端插进岸边泥土里，绳子一端拴住树杈的一个头，绳子另一端系住船，这应是最早的木锚。其后，也有用硬木加工成单爪木锚的，后来用铁制做，就有了单爪铁锚了。有杆锚在中国出现于东汉，可见于广州出土的东汉陶船模。因为设了锚杆，锚杆与锚爪成90°，靠锚缆重量可使锚自动翻转，保证锚爪插入土。

中国古代有杆锚有2个爪和1个爪的。猫是人类很熟悉的动物，从猫的爪子联想到锚爪，故早期"锚"用的是"猫"字，锚猫同音。《天工开物》有"最雄者曰看家锚"的记述。还附有制作大型铁锚场面的"锤锚图"。

单爪锚只适合船在岸上抛锚使用，因只有1个锚爪入土。为了岸上及水中都可抛锚，宋代发明了金属锚。

清代木椗手绘示意图

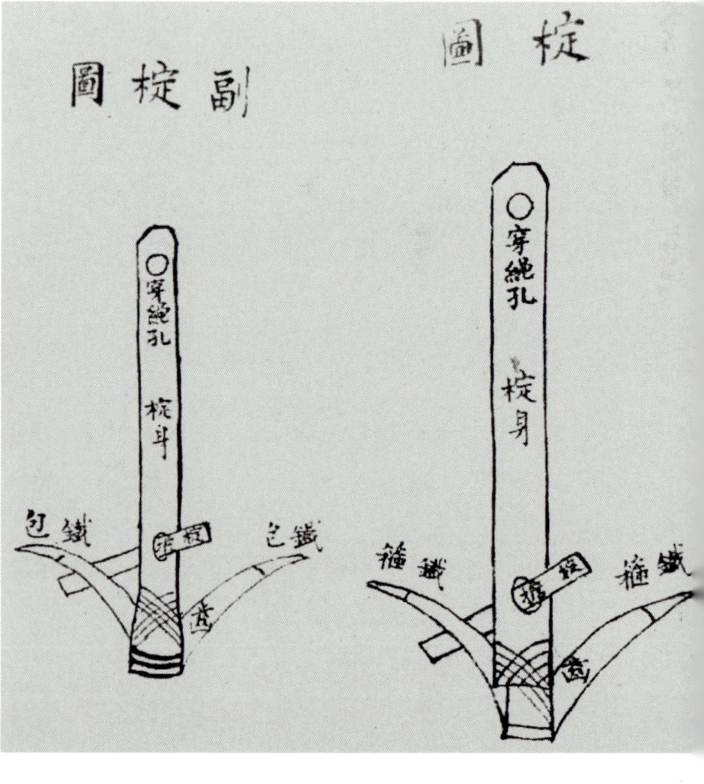

明代宋应星《天工开物》中的锤锚图

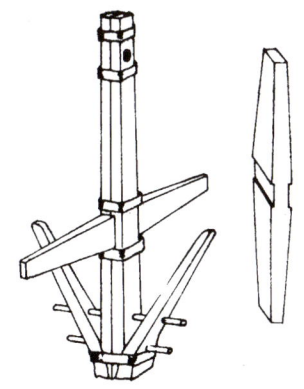

吉林出土的金代金属锚　　福建法石乡出土的木石锚复原图

一种有杆木锚
（模型，张玉琪制作）

　　三爪锚和四爪锚，能保证锚爪入土并获得更大的抓力。四爪锚更优于三爪锚，因能保证2个爪入土。

　　四爪锚是中国发明的，四爪锚还传到了国外。金属锚在我国宋代已经使用。据《癸辛杂识》的记载，宋将夏贵"搭船三百只，左右前后皆置棹。先以棹迎之，俟彼船出口子，即以铁锚儿固定，复以回棹，拽其船以归"。

　　木锚，也写成木椗，都以木制，也有几个实物出土。

　　木石锚属于有杆锚，锚干、锚爪木制，锚杆用碇石。碇石与锚爪垂直，抓力靠一个锚爪。木石锚对缆的拉力还包括碇石重量，锚缆重量也产生一定的拉力。

　　北宋徐兢的《宣和奉使高丽图经》在介绍客舟时说："船首两颊柱，中有车轮，上绾藤索，其大如椽，长五百尺，下垂碇石，石两旁夹以二木钩……遇行，则卷其轮而收之。"这里说的就是木石锚。

海上丝路之造船开海

铁锚则是全铁制的。

明代陈侃于1533年出使琉球，他在《使琉球录》中介绍："大铁锚四，约重五千斤。"郑和七下西洋时，"篷帆锚舵，非二三百人莫能举动"。这时的锚大得惊人。

为了船能停泊，处于浅水位置时的小船，有的在船头或船头舷边安装一金属环，系船的绳索直接系在环上。还有的干脆在船首部开一竖直通孔，停船时将篙穿过通孔插入河（湖、江）床来泊船。

大船停泊要看停泊位置，如果靠岸，通常首部系缆，尾部有时还要抛下锚；如果远离岸边需抛锚停泊，有船首抛锚和船首、尾部都抛锚的情况。

日本出土的元代木石锚上的碇石

明代著作《筹海图编》和《武备志》曰："北洋可抛铁锚，南洋水深唯可下木椗。"从出土的文物看，这里说的"木椗"是木石锚，在福建省泉州法石乡、中国南海、山东省长岛、山东省蓬莱及日本已有多个宋元时期的木石锚上的碇石出土。

3. 岸桩

临时或常停船的岸边，为了配合船舶停泊，在岸上夯竖起木桩（大木头橛子），就是"岸桩"，供船系缆。这种系泊是最常见的方式之一。船上一般要自带备用的木柱。

山东省长岛县庙岛出土的铁锚

北宋张择端《清明上河图》上所绘的岸桩系泊

4. 系船石

在大量船舶停泊、集中上下乘客、装卸货物的地方，通常建有码头。木构的码头，常备有若干个木桩，也是供泊船的系缆桩。在运河沿岸的城镇，过去还建有许多石砌的码头，在石码头靠河道一边的石头上凿有系船孔，即常说的"系船石"。

系船石连升三级

系船石必胜

系船石八仙横笛

系船石如意草

系船石宝剑

113

海上丝路之造船开海

5. 系缆桩

船大，水深，离岸远，有的船就要设系缆桩（古称将军柱），是船上的系泊设备之一。有的船头设1个系缆桩，有的设2个，有的在船上设几个，是专供系船的缆绳之用。

清代徐扬《姑苏繁华图》（局部）所绘船首有2个系缆桩（将军柱）

船舶上的绞车

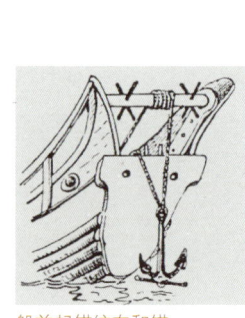

船首起锚绞车和锚

绞车俗称辘轳，也称云车、车员、车关车耳。中国使用绞车的历史很早，在湖北省铜绿山战国铜矿的遗址，已经出土了辘轳轴。后来作战用的大连弩机发射箭用绞车，隋代五牙战舰的起放拍杆，也用到了绞车。

绞车用在船上，是用来升帆、收放锚和舵的。

《天工开物》记载："风息开舟，则以云车绞缆提锚使上。"

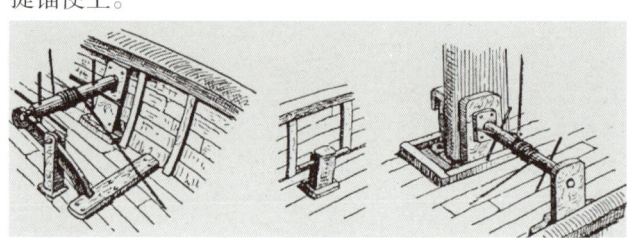

船中部绞车

船首绞车

升帆绞车

大船要设几部绞车。绞车因受力大，需布置在加强位置。绞车还带有可以刹住的结构件，以免打伤人。

"舟牧"和船舶检验

专职的船舶检验官，早期称为"舟牧"，中国是世界上最早有船舶检验官的国家。

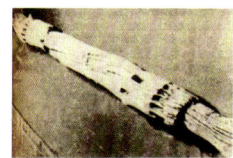
湖北省铜绿山铜矿出土的战国时期辘轳轴

对于重要的官船，船建造完工之后，还不能马上下到水里，还要进行检验。普通的船，由于造船大师们有长期积累的造船经验，多省去这一步。

海上丝路之造船开海

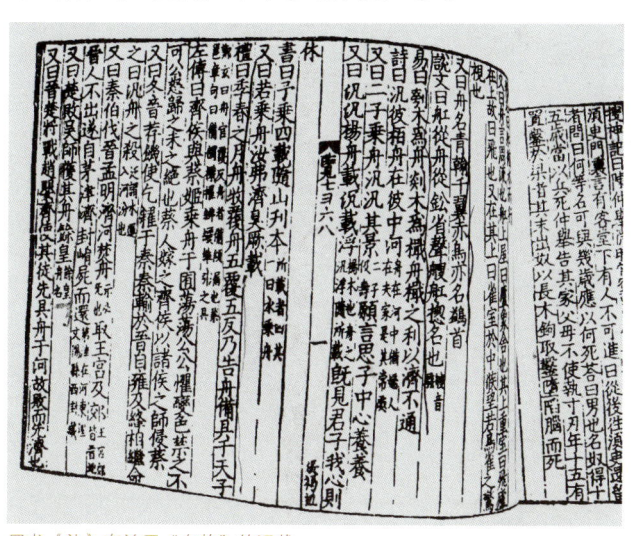
周书《礼》有关于"舟牧"的记载

中国最早利用船坞下水

1. 船下水的仪式

古今中外，新船的建造和下水都是很隆重的大事，开工有开工典礼，下水也有下水仪式。过去以船为家的疍人，更是如此。

广东地区木船下水称"进水"，据说"下水"有沉船的意思，故不称下水。

船下水也需选黄道吉日。

广东、福建的木船和浙江的部分木船船首有龙目，在下水前，龙目要装上去。有的地区先用红布盖一下龙目，揭开表示下水开始。有的地区不盖红布，而是挂上红布。

在太湖地区，新船下水前，先有"扎喜钉"仪式，渔民称"上利市头"，传说是为新船"点灵"（灵气）。新船下水当天清晨，东家在船头举行隆重的敬神仪式，此时，先由工匠吟咏吉利话，以讨口彩，吟毕，将4颗八角形铁钉（宜兴地区用6颗铁钉）分别钉于船头的正中，每颗钉子上必扎红绿绸布，称"扎喜钉"，船东要给众位工匠"喜钱"。在"扎喜钉"的同时，船桅、舵、船舱内外，都贴上"吉祥喜庆"的大红对联。船舱内有各式食品，其中必有"红饭"（糯米赤豆饭）。

下水前，由工匠在鞭炮声中将寓意"吉祥"的物品抛入船舱。还要吟唱一些吉祥的口彩，东家又会给红包。然后众人将新船推拉入水。

新船一旦入水，东家的亲友等必从船尾向船头泼水，意思是"生船变熟船"，边泼边喊"顺风顺水"。

船下水后，在船头进行祭祀仪式，并摆"顺水酒"答谢，娘舅、姑父是贵客，必到。

2. 船下水的方式

木船的建造，有的在陆地上找块平地建造，此处称"船台"。有的在坞池中建造，建造之前用水车车净坞内的水，铺上木、席子等，就是临时的干船坞。以明代南京宝船厂为例，在郑和下西洋时，仅宝船厂就有船坞10多个，最大的船坞长500米、宽80米，要车出坞内的水，靠人力水车，不知要用多少台和多少人！可以想象，当时完全是人海战术，那时可没有电动抽水泵抽水。

南京宝船厂作塘（船坞）遗址

中国至少在3100~3600多年前的殷商时期就建造木板船了，人类最初在船还不大时，造好后靠人力就可以把它从岸上推入水中，后来船舶越造越大，因此出现了不同的下水方式和方法。历史文献和文物为我们了解中国古代船舶下水提供了重要的线索和依据。

（1）利用船坞下水

《三国志·吴书·吕蒙传》提到了船坞。吕蒙在濡须口用围堰围出一小段水域做船坞。中国在汉代就发明了水车，用水车车去坞内的水即可修造战船，开闸放水便可使船浮起驶进驶出。濡须口船坞修造战船是坞渠修造船法，属于漂浮式下水。

"在外国，直到1495年英王亨利十世时，才在朴茨茅斯建立起欧洲第一个船坞"，比中国三国时的濡须口船坞晚了1200多年。

北宋初，宋太祖赵匡胤（yìn）称帝，两浙（浙东和浙西）贡献龙舟想让皇帝开心，龙舟就放在金明池内。后龙舟年久船板朽坏，需进行大修，水中又不能施工，于是太监黄怀信献策，先在金明池北挖个大水塘，用木材搭好架子，开闸放水，将龙舟驶进停在支架正上方，用水车车去塘内水，龙舟就方便修理了，修好后开闸放水，龙舟可以浮起，撤去梁柱，龙舟又能进出了。

现代手摇式龙骨水车

广东黄埔建于1861年的"录顺船坞"

在这里用的是坞池修船法，船也是漂浮式下水。

2003年8月—2004年9月，南京市文物工作者对明代南京宝船厂遗址的第六作塘进行了发掘，作塘就是船坞。在出土的1500余件文物中，难得出土了龙骨水车的龙骨和水车车叶。宝船厂的各个作塘通江，开闸可向作塘内放水（水量不够还可用水车补充），关闸后用大量水车车去塘内水又可进行船舶修造作业。当然，需要多台水车齐动，其劳动量之大，场面之壮观可想而知。可以断定，当时宝船厂建造的郑和下西洋用的船舶采用的是漂浮式下水技术。

南京宝船厂遗址出土的600多年前的龙骨水车局部、龙骨及车叶

明代宋应星《天工开物》中用龙骨水车车水浇稻田

兴建于1899年的3000吨级大连修造船坞

海南省潭门木船厂利用
土坡度下水

（2）利用滑道下水

这里讲的滑道不是指现代船厂用的铺有铁轨的疏式滑道，而是指带一定坡度的船下滑的土坡。

在古代，中国还发明了纵向滑道式下水技术。据《金史·张中彦传》记载，金正隆年间（1156—1160年），金将领张中彦驻守汴京，要用船架起浮桥。当时船下水的滑道是具有一定坡度的土坡，用表面光滑的"新秫秸"（即新的高粱杆）铺垫，可减少船下滑时与滑道的摩擦力。初始要推船，船到滑道上后，为了控制船下滑的速度，要众役夫（民工）拽着点，为了防止船偏离滑道，两边用大木限位。书中对下水所涉及的细节和安全保险，考虑得周到细致，是利用纵向滑道下水生动的记述。

明代李昭祥在嘉靖年间任工部主事时，写有《龙江船厂志》一书，该书中附有龙江船厂的厂图，从图中可以看出，水渠中有多条船，陆地上也有多条船，因此，具有从陆上船台以滑坡道将船下水的特征。珍存于台湾故宫博物院的清代绘画（局部），从图上可以看出是在陆地船台建造，完工后应是利用土坡的滑道将船舶纵向下水。

中国古代的木船下水不同于现代钢船下水，现代钢船下水是船尾先接触水，而古代木船下水是船头先接触水。因为船尾先接触水，属船倒着走，可能中国古人

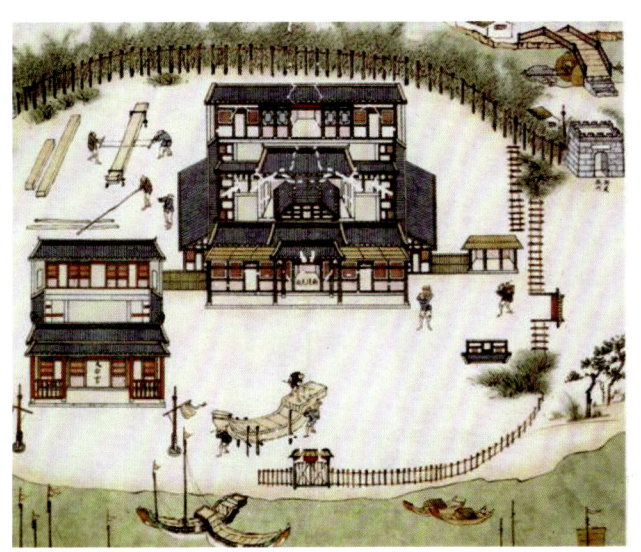

清代绘画（局部，台湾故宫博物院珍藏）

不喜欢，故选船头先接触水，船便是正着走。

如果大家留意船划桨，就可以看到差别，外国船是划桨人面向船尾，中国人划桨是面向船首，这就是文化的差异。

此外，木船的舵与现代钢船的舵不同，其舵尺寸大，下水时船头先接触水，舵又可升降，有利于对舵的保护。

海船下水，要选在潮水涨平的前夕。

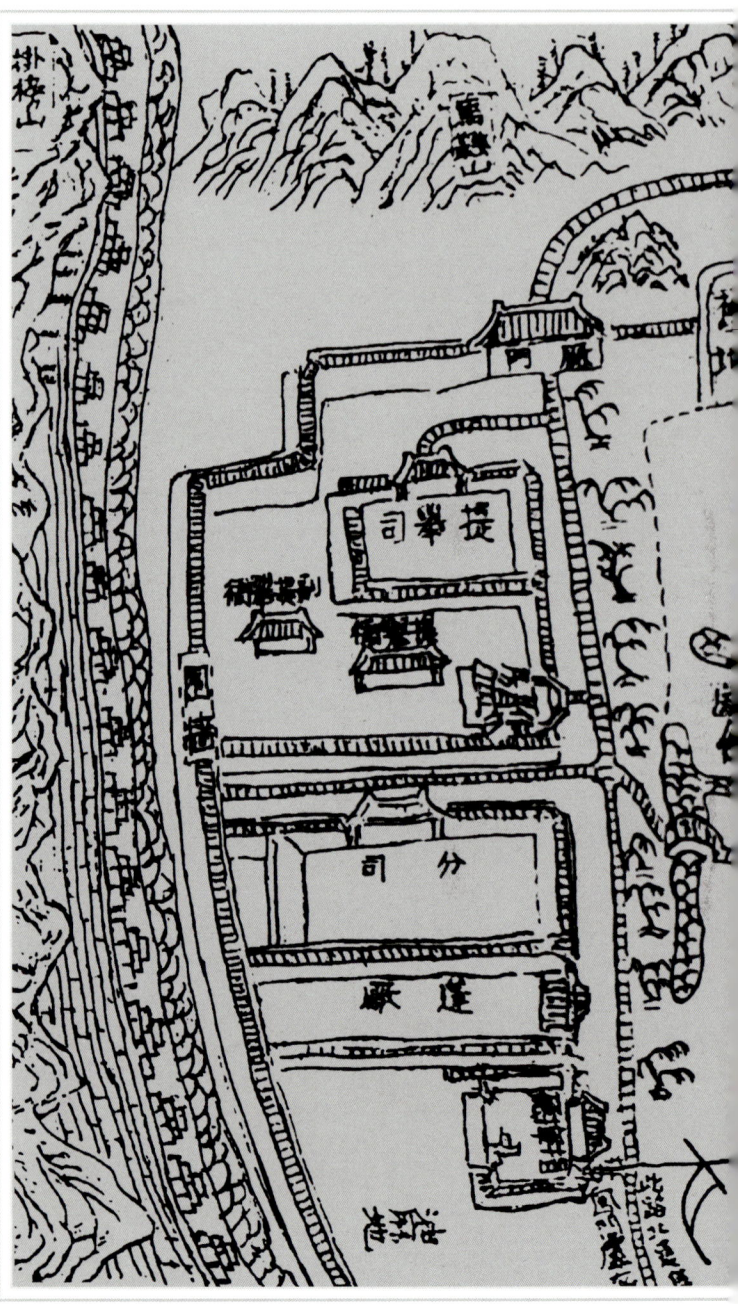

明代《龙江船厂志》中的龙江船厂厂图

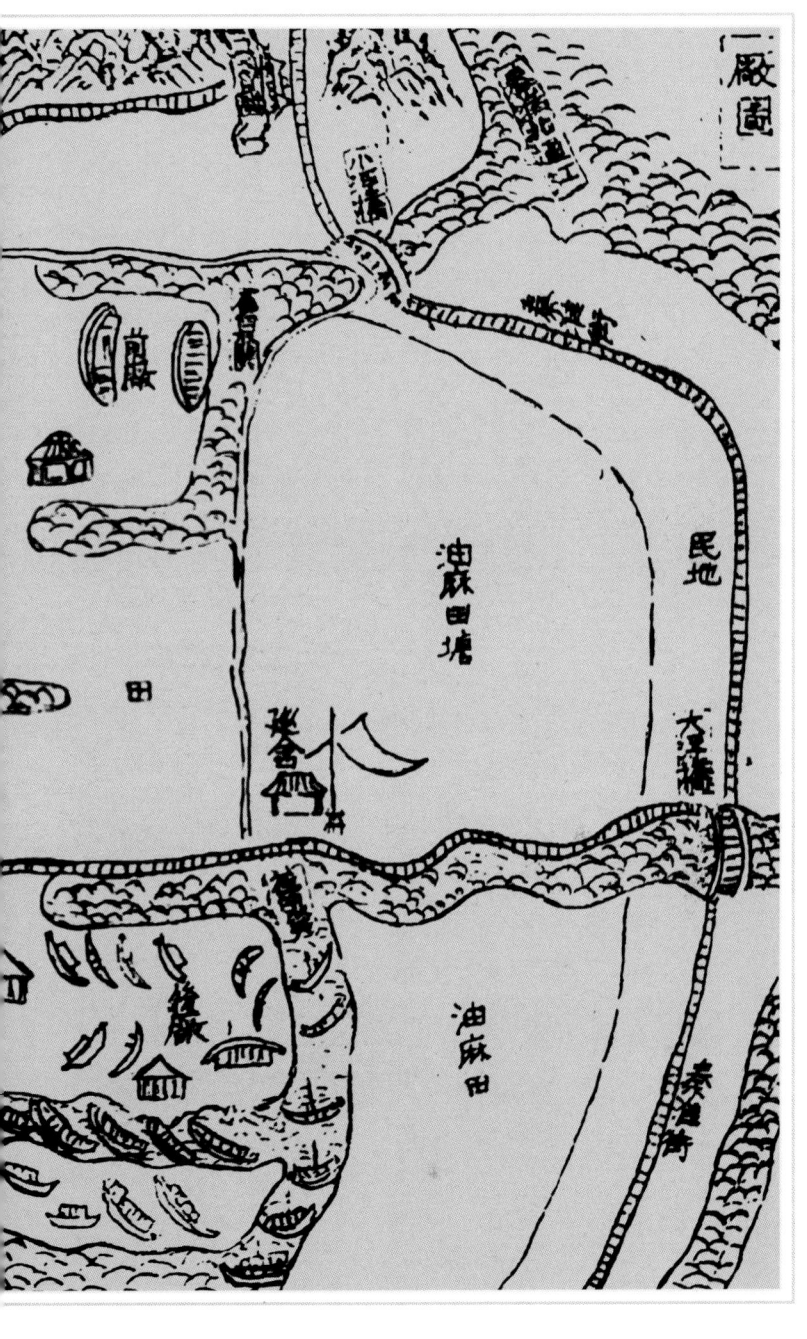

广东省海陵闸坡船排厂船下水的滑道

船舶制造的管理体系

记载古代造船管理体系的文献很少，我们可见到的主要是明代及其后的文献，如《龙江船厂志》《南船记》《船书》《船政》等。

据记载，南京明代官方造船，也不都属于工部，有的属于兵部。龙江船厂机构建制完整，脉络清晰，人员配备齐全，各司其职，已经构建了完整的管理体系。

南京宝船厂遗址出土的明代木腰牌，右为示意图

船舶的质量保障系统

明代，对船舶维修、使用年限也已经形成了制度。

"每岁海运辽东粮储船只，每年一次修理。"等"五年一修，十年一造"。后湖楼船、平船等普通船舶"三年一小修，六年一大修，十年一造"。从中可以看出，明代官方船舶使用年限定为10年。

龙江船厂宗旨是"料惟真，用惟当，工惟精，弊者涤，废者复，斯工速用舒"。

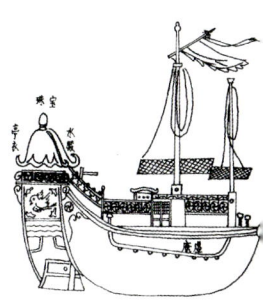

明代预备大黄船

明代二百料战船

《龙江船厂志》提出造船时，注意十方面弊病：一是不按规定，板薄；二是钉稀，"一尺三钉"，原有成规，严防钉少、钻孔不入钉而以艌料盖住偷工取巧；三是不精，"夫造船之工，唯油艌为最要"，艌料配比要准确，艌料制作必需精工细作；四是不按各种船尺度要求造，"夫船之制虽不同，大小广狭皆有成式"，建造完毕要进行复测；五是根据拆下的旧板情况，注意破朽多寡与盈缩，不死板地遇旧料"减三分"；六是不得省舱，必须舱到位；七是及时完工，避免船舶建造拖拖拉拉导致在船台日晒雨淋；八是掌握材料的量，前后量查；九是加强检验、检查与监督，杜绝造船之人图省事及检查、验收人员索贿受贿；十是及时支付工钱。

此外，对接送船舶、船舶的使用、佃田、看守等出现弊病也提出并制定了相应的责任认定和防范措施。

明代的船舶建造质量管理已经注意到生产中各个环节，可以说是规范式管理，与今天的船舶修造厂的质量管理有许多相通之处。

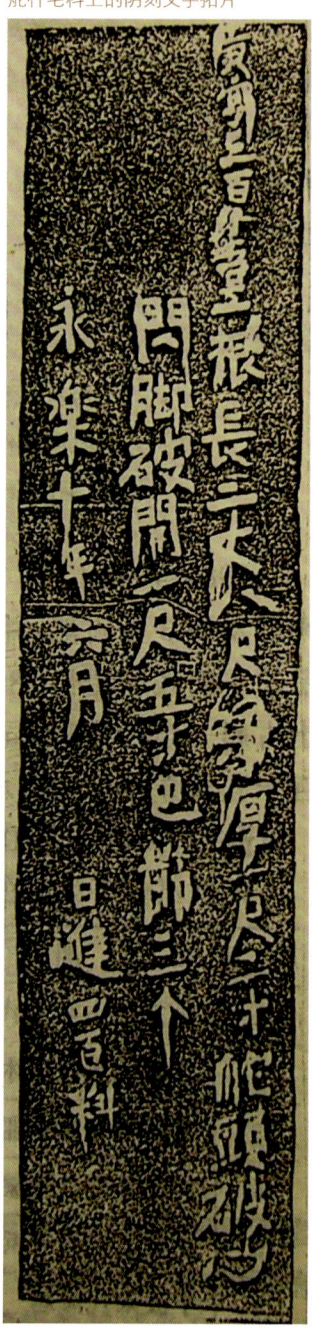

1984年蓬莱水城出土的一根紫檀木舵杆毛料上的阴刻文字拓片

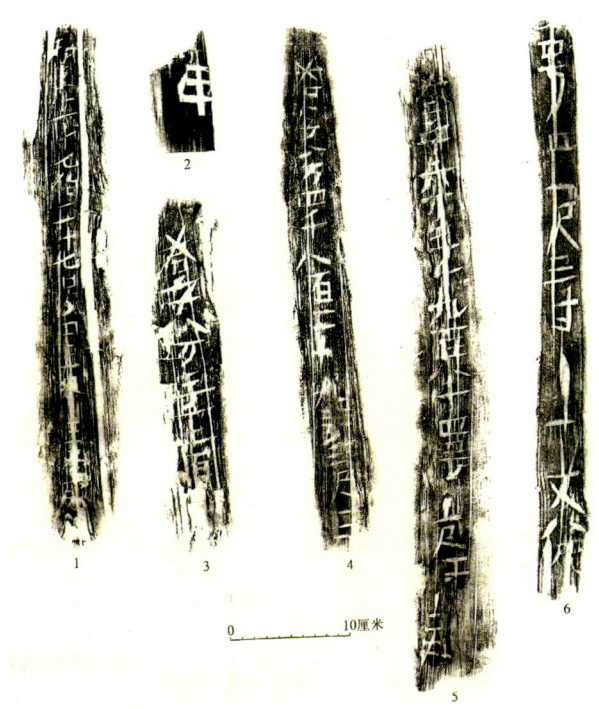

2004年南京宝船厂遗址出土了大量有编号的木构件，这些编号反映了明代造船管理的严格

0   10厘米

海上丝路之造船开海

参考文献

[1] （宋）徐兢. 宣和奉使高丽图经[M]. 北京：中华书局，1985.

[2] （北宋）司马光. 资治通鉴[M]. 北京：台海出版社，1998.

[3] （宋）周去非. 杨武泉，校注. 岭外代答注[M]. 北京：中华书局，1999.

[4] （北宋）沈括. 梦溪笔谈[M]. 长春：时代文艺出版社，2001.

[5] （明）郑若曾. 筹海图编·经略三·兵船[M]. 嘉靖年间刊本，1561.

[6] （明）王鸣鹤. 登坛必究·水战[M]. 万历年间刊本，1599.

[7] （明）何汝宾. 兵录[M]. 万历年间刊本，1606.

[8] （明）茅元仪. 武备志[M]. 天启年间刊本，1621.

[9] （明）宋应星. 天工开物[M]. 扬州：江苏广陵古籍刻印社，1997.

[10] （明）李昭. 龙江船厂志[M]. 南京：江苏古籍出版社，1999.

[11] （明）巩珍. 向达，校注. 西洋番国志[M]. 北京：中华书局，2000.

[12] （清）杨晨. 三国会要[M]. 北京：中华书局，1956.

[13] （清）王先谦. 释名疏证补[M]. 上海：上海古籍出版社，1984.

[14] （清）屈大均. 广东新语[M]. 北京：中华书局，1985.

[15] 席龙飞. 中国船舶工业[M]. 北京：人民交通出版社，1997.

[16] 席龙飞. 中国造船史[M]. 武汉：湖北教育出版社，2000.

[17] 王冠倬. 中国古船图谱[M]. 北京：生活·读书·新知三联书店，2000.

[18] 中国大百科全书出版社编辑部. 中国大百科全书·考古学

[M]. 北京：中国大百科全书出版社，2004.

[19] 山东省文物考古研究所、烟台市博物馆、蓬莱市文物局. 蓬莱古船[M]. 文物出版社，2006.

[20] 北京郑和下西洋研究会、中国海洋画研究院. 张嘉墕海洋画选[M]. 北京：海洋出版社，2008.

[21] 唐志拔. 中国舰船史[M]. 北京：海军出版社，2008.

[22] （科威特）雅固布·尤斯夫·哈基博士. 科威特造船史[M]. 李光斌，译. 李世雄，校. 北京：国际文化出版公司，2009.

[23] 玄述贵. 台前与运河文化[M]. 北京：中国文联出版社，2011.

[24] 金秋鹏. 中国古代造船与航海[M]. 北京：中国国际广播出版社，2011.

[25] 赵艳娟. 中国古代造船与航海[M]. 长春：吉林文史出版社，2011.

[26] 林士民. 宁波造船史[M]. 杭州：浙江大学出版社，2012.

[27] 席龙飞. 中国造船通史[M]. 北京：海洋出版社，2013.

[28] 福建省泉州海外交通史博物馆. 《唐船图》考证·中国船·中国木帆船[M]. 北京：海洋出版社，2014.

[29] 陈佳荣，朱鉴秋. 中国历代海路针经[M]. 广州：广东科技出版社，2016.

[30] 福建省泉州海外交通史博物馆. 泉州湾宋代海船发掘与研究[M]. 北京：海洋出版社，2017.

[31] （日）石井谦治. 图说和船史话[M]. 东京：东京至诚堂，1983.

图书在版编目（CIP）数据

海上丝路之造船开海/顿贺编著. —广州：广东科技出版社，
2017.6（2020.7重印）

（海上丝绸之路青少年科普丛书/王元林主编）

ISBN 978-7-5359-6730-5

Ⅰ. ①海… Ⅱ. ①顿… Ⅲ. ①造船法—中国—古代—青少
年读物 Ⅳ. ①U671-49

中国版本图书馆CIP数据核字（2017）第101587号

特别鸣谢

本丛书在编辑出版过程中，得到了周运中、何国卫、骏骅堂、崔策等
先生和郑淮女士的大力支持，在此一并致谢！

海上丝路之造船开海 Haishang Silu Zhi Zaochuan Kaihai

出 版 人：朱文清	销售热线：020-37592148 / 37607413
项目策划：丁春玲	http://www.gdstp.com.cn
执行策划：姚 芸	E-mail：gdkjzbb@gdstp.com.cn（编务室）
项目支持：崔坚志	经 销：广东新华发行集团股份有限公司
责任编辑：姚 芸	印 刷：广州市岭美文化科技有限公司
尉义明	（广州市荔湾区花地大道南海南工商贸易区A幢
装帧设计：李 树	邮政编码：510385）
责任校对：陈 静	规 格：889mm×1194mm 1/32 印张4.25 字数85
责任印制：彭海波	版 次：2017年6月第1版
排 版：广州市友间文化传播有限公司	2020年7月第2次印刷
出版发行：广东科技出版社	定 价：33.00元
（广州市环市东路水荫路11号	
邮政编码：510075）	

如发现因印装质量问题影响阅读，请与广东科技出版社
印制室联系调换（电话：020-37607272）。